Macky Sall : un destin

Harouna Amadou LY

Macky Sall : un destin

Préface du Professeur Hamidou Dia

© L'Harmattan, 2016
5-7, rue de l'École-Polytechnique ; 75005 Paris

http://www.librairieharmattan.com
diffusion.harmattan@wanadoo.fr
harmattan1@wanadoo.fr

ISBN : 978-2-343-07945-5
EAN : 9782343079455

« La souveraineté n'est plus exercée par le monarque, mais par le peuple. C'est la raison pour laquelle, c'est le peuple qui renouvelle cette souveraineté, qui l'attribue à travers un système d'élections libres et démocratiques pour que celui qui est dépositaire de cette confiance puisse avoir la légitimité de conduire la nation, de présider aux destinées de la République mais aussi d'être le gardien de la Constitution.

C'est un schéma extrêmement bien pensé qui s'adapte parfaitement à notre réalité sénégalaise. C'est pourquoi les fondamentaux de notre République doivent être préservés. L'État de droit aussi. »

Président Macky Sall

Dédicaces

À tous ceux (ou celles) qui, par leur travail et leur opiniâtreté, leurs ambitions vigoureuses et leur esprit volontariste, leur probité et leur sincérité, leur loyauté et leur serviabilité, leur amour de la patrie et leur sens de l'honneur, leur dévouement à la cause de leur prochain et leur sociabilité et qui, à l'image du président Macky Sall, veulent contribuer à l'Émergence du Sénégal, nous dédions ce livre.

Préface

Le 9 novembre 2008 : date significative : la 11ème législature vote, de manière honteuse et scandaleuse, la destitution de Macky Sall de la présidence de l'Assemblée nationale par une modification, sur mesure, de la Constitution.

Ce jour-là, imbu de toutes les valeurs d'honneur et de courage, Macky jette tout par-dessus bord :

- *Démission de son poste de député ;*
- *Démission de son poste de conseiller municipal ;*
- *Démission de son poste de maire de Fatick, sa ville natale ;*
- *Démission du PDS.*

Humainement, le président de la République est un homme d'honneur pétri de valeurs, conformément à la sagesse de ses racines. Courtois, d'une exquise urbanité, le président est un homme de compassion, attentif aux soucis de ses collaborateurs. Son surnom de « Niangal » (celui qui ne sourit jamais) est amplement surfait, car bien qu'étant un homme sérieux, calme, maître de lui-même, le président aime sourire, affectionne les histoires drôles, et a un humour très british dont il fait usage avec parcimonie, pour la plus grande joie de ses proches.

Il est aussi, malgré sa jeunesse, un homme responsable qui sait être ferme, qui sait où il va. En Peul on dit « kô kellifâdo » : un homme responsable, un Conducteur d'hommes, un homme d'État avec un sens très élevé de l'État et du bien public.

Doté d'une grande habileté politique, il sait que le secret est au cœur du Pouvoir et que le secret du Pouvoir, c'est le Secret.

Grand Stratège, il est un habile tacticien, derrière des airs qu'on prendrait pour débonnaires. On peut, comme le suggère l'auteur, le résumer en trois mots : Courage-Sérénité-Efficacité.

Depuis les indépendances, il est le seul président à parler pulaar (il est peul), sérère, wolof, français, anglais. Originaire du Tekrour, creuset de la Nation sénégalaise, personne, au sein de la classe politique, ne peut revendiquer une plus grande légitimité nationale que lui. Senghor aurait parlé de son irréductible « sénégalité ». À cela, il faut ajouter que premier Président né après les indépendances, contrairement à ses prédécesseurs, Macky Sall n'a aucun complexe, aucun contentieux personnel avec les anciens colons, donc aucun compte à régler.

Par ailleurs, il y a ce que Heidegger appelle la pensée technique, la pensée calculante qui pense en terme de chiffres, en terme de rendement, là où il faudrait une pensée méditative, une pensée réflexive, une pensée stratégique qui ne se pose pas seulement la question du rendement, des statistiques, mais qui se pose des questions stratégiques fondamentales.

Nous sommes aujourd'hui sous l'autorité de la pensée tactique. Et sous son emprise.

Le président de la République, en élaborant le PSE, s'est dépris de cette emprise. Au profit d'une pensée stratégique, toujours supérieure à la pensée tactique : avant de se dire COMMENT FAUT–IL FAIRE ? Il faudrait d'abord répondre de manière claire et précise à la question QUE FAUT–IL FAIRE ? OÙ VOULONS-NOUS ALLER ? QU'EXIGE COMME REMÈDE LA SITUATION ? Alors seulement vient la question tactique, celle des modalités de la réalisation des objectifs fixés.

C'est surprenant et réconfortant de la part d'un ingénieur de formation derrière qui j'ai découvert, en le pratiquant, un homme extrêmement sensible aux questions culturelles, aux questions théoriques, aux questions historiques. Il m'a dit un jour :

« Professeur, il faut que je fasse un DEA d'Histoire pour approfondir la connaissance que je dois avoir du Sénégal ».

S'il l'a dit, c'est parce qu'il est conscient que nous avons une histoire extravertie qu'il faudrait certainement réécrire. Il a une grande sensibilité par rapport à la charte du Mandé. Il parle toujours de cette première grande charte dont il sait qu'elle peut être revisitée victorieusement par les Africains. De même qu'il parle très souvent de la nécessité de nous imprégner de l'enseignement de Thierno Souleymane Baal. Sall est un président qui lit beaucoup.

À propos de cet homme, devenu président de la République moins de quatre ans après sa démission, et au bout d'un parcours exceptionnel et fulgurant de rapidité (directeur de PETROSEN, ministre des Mines, de l'Énergie et de l'Hydraulique, ministre de l'Intérieur et de la Décentralisation, Premier ministre, président de l'Assemblée nationale) je voudrais, avant de finir cette présenta-tion, raconter trois anecdotes qui m'ont marqué et qui en disent long sur les qualités exceptionnelles de générosité de cet homme.

Je suis allé le voir chez lui à Fann Résidence, nous avons échangé très longuement sur son projet politique, le nom qu'il fallait donner à son parti, ses couleurs. En présence, ce jour-là de Mahmout Saleh, du Nouveau Parti, de Alioune Badara Cissé (ABC), Mbaye Ndiaye. Puis nous restâmes seuls dans son salon en présence de la future Première dame pour continuer la discussion qui s'orienta très vite vers l'histoire, notamment celle du Tekrour et du Foûta. Car l'Histoire est une des grandes passions du président de la République. Nous continuâmes ainsi jusqu'à la prière du crépuscule que je dirigeais. C'est une des rares fois que j'ai accepté d'être Imam. Nous rendîmes grâce à Dieu et priâmes pour le Sénégal. Au moment de mon départ, il me conseilla de rester Conseiller de l'ancien président mais de songer à avoir une maison et une voiture.

Durant sa campagne électorale, il est allé à Kaffrine où il sait résider ma famille dont ma défunte mère, il m'appela après les échauffourées avec Alioune Sow pour me dire qu'il voulait rendre visite à ma famille, notamment à ma mère. Ce qu'il fit. Ce geste m'a bouleversé, ému au plus haut point. Aussi, quand le 15 septembre 2012, il m'appela pour me dire qu'il me souhaitait à ses côtés, j'acceptais avec enthousiasme, déterminé à accompagner vigoureusement et loyalement cet homme jusqu'au bout de son destin politique.

Avec résolution et détermination. Après je retournerai à la lecture et à l'écriture, mes passions irréductibles.

Ayant observé ces qualités remarquables et constaté ce qui a été fait – qui est immense – en seulement deux ans et demi de pouvoir, je l'ai convaincu qu'il était utile que sa biographie fût écrite par mon grand-oncle, le Professeur Harouna Amadou Ly alias Harouna Rassoul, historien, pour la postérité. Après de multiples hésitations dues à sa modestie légendaire, le Président accepta finalement.

Le choix fait sur le Professeur Ly d'écrire ce livre a été judicieux. Il permettra, ce livre, aux lecteurs de se faire une idée précise de l'homme que les Sénégalais ont élu en 2012. Ses qualités, ses origines, ses réalisations, ses ambitions et projets pour notre pays. Son parcours.

M. Ly, passionné d'histoire, a produit de nombreux articles et un livre remarquable sur l'histoire de Saldé-Tébégoutt, dans l'île à morfil, après avoir apporté un concours remarquable à l'écriture de la biographie du dernier fils de la grande Royale, le regretté Aboubakry Kane, Haute Figure politique du Foûta.

Macky Sall est un homme d'honneur

Le candidat qu'il était avait promis de réduire son mandat de 7 à 5 ans. Le peuple l'a élu pour 7 ans conformément à la Constitution qu'il est tenu de respecter puisqu'il en est le Gardien. Il aurait pu dire que, conformément à la Constitution, il ne peut réduire son mandat. Ce ne serait pas se dédire : la volonté du peuple étant plus importante que sa parole du candidat et se conformer à la Constitution est ce qu'on attend d'un Chef d'État digne de ce nom.

Ce faisant, il susciterait l'ire de l'opposition – sans laquelle il n'y a pas de démocratie véritable – et d'autres personnes, dont certaines sont visiblement en mal d'inspiration. Le Président, conformément à la sagesse de ses racines, connaît l'importance capitale de la parole donnée. Aussi la respectera telle, en dépit de tout.

La parole sera donc donnée au peuple qui entérinera sa proposition ou la refusera.

Ce livre, qui ne cache pas son empathie, retrace avec rigueur et minutie le parcours exceptionnel de cet homme d'exception.

D'une grande probité intellectuelle, pieux, d'une intégrité morale avérée, grand travailleur, Harouna Rassoul s'est mis à la tâche avec fougue et générosité, sans s'économiser. Il est l'auteur de ce livre dont je vous souhaite une excellente lecture.

Hamidou Dia

Professeur titulaire de Philosophie, hors classe, docteur ès lettres, Titulaire d'un DEA de Sociologie de la Culture et des Idéologies. Conseiller spécial du Président de la République.

AVANT-PROPOS

Quand, le 9 novembre 2008, Macky Sall abandonna définitivement tous les postes qu'il occupait grâce à son militantisme au Parti démocratique sénégalais (PDS), personne ne pouvait imaginer sans risque d'être contrarié que, moins de quatre ans après, plus précisément le 25 mars 2012, le palais de la République et ancien bunker des gouverneurs généraux de l'AOF, allait l'accueillir en grande pompe.

Le supposé « apprenti » d'il y a peu succède à son prétendu « maître », mieux, le temps, ce grand maître, en a fait, au moins pour sept ans encore, le maître de jeu de la politique sénégalaise. Macky Amadou Abdoul Sall retrouve dans les cendres tout ce qu'il a perdu dans le brasier allumé par le camp de ses adversaires.

Première leçon que le nouveau président administre à ses contempteurs : *la patience vient à bout de tout.*

Deuxième enseignement aussi évident que le précédent : *ce n'est pas le champ qui nourrit, mais c'est la culture* car, sans les moyens d'État, Macky l'emporte sur son vieux mentor. Au bout du compte, son coup d'essai s'impose comme un véritable coup de maître. Autrement dit, en vouant son ancien Premier ministre aux gémonies, Maître Wade aura largement contribué à sa victimisation (phénomène auquel les Sénégalais sont très sensibles), puis à sa popularité « agaçante » et, enfin, sans nullement l'avoir cherché le moins du monde, à actionner la dynamique qui a propulsé aux avant-postes le ci-devant numéro deux du PDS et mal-aimé d'hier. Et c'est ce qui fascine nombre d'observateurs d'où la flopée d'articles de presse tenant chacun à mettre en exergue ce qu'il considère comme le fossé ayant séparé le candidat Macky et ses éminents compétiteurs dont la plupart sont entrés en politique bien avant qu'il n'ait vu le jour.

Cependant, de son départ de l'Assemblée nationale à son accession à la magistrature suprême, Macky Sall aura parcouru plus de 80 mille kilomètres, visité toutes les contrées du Sénégal, dont trois cents villes, villages et hameaux du Foûta-Tôro et consigné sur des milliers de pages les différents aspects du mal-vivre sénégalais. Lui et sa délégation ont donc vu, vécu et répertorié avec des mots qui leur sont propres tous les maux et besoins des populations des villes et des campagnes.

À maintes reprises, à l'occasion de cérémonies de famille (mariage, baptême ou décès) auxquelles, au détour de leurs porte-à-porte journaliers, ils ont assisté, ils ont su faire corps avec le Sénégalais lambda : geste qui a contribué efficacement à l'élargissement de leur audience et à leur adoption harmonieuse dans l'intimité de leurs hôtes.

Dès qu'il prit les rênes du pouvoir, le Président Sall se lança à la moralisation de l'État qui, douze ans auparavant, a souffert d'une gestion que la presse et l'opposition ont qualifiée de tâtonnante et de dissipatrice.

En plus du sacerdoce étatique quotidien qui pèse sur ses épaules, les circonstances invitent aussi le président Macky Sall à rappeler son lignage après que Maître Abdoulaye Wade eut proféré des diatribes publiques à l'encontre de son ascendance.

C'est ainsi que, sur proposition de mon petit-neveu, le Professeur Hamidou Dia, alias Djinné Diâranguel[1], j'ai entamé l'écriture de l'historique de la famille Sall. En sus des sages conseils qu'il n'a cessé de me prodiguer, ce brillant intellectuel m'a fourni des documents de haute facture relatifs aussi bien au

---

[1] Surnom donné à Hamidou Dia alors élève à l'école primaire de Saldé et qui met en relief sa précocité.

PSE, à la vision culturelle qu'à la doctrine essentielle du président de la République.

C'est donc compte tenu de ma proximité avec ce prestigieux poète-philosophe, mais aussi et surtout, du fait des qualités intrinsèques du président Macky Sall pour qui j'ai une grande admiration, que j'ai accepté de me consacrer à des recherches axées sur les origines de l'enfant de Peulgha-Fatick.

Dès lors, je me suis rapproché des généalogistes du Foûta-Tôro dont le talentueux Samba Ibrâ Farba Samba dit Samba Lêldo Seck de Nguidjilone et kâw Silèye Mamadou Dia, alias Silèye Dia, un Thieddo de Saldé-Tébégoutt, qui m'en apprirent beaucoup sur les lignées du Président pour le premier et sur les Sebbé en général pour le second.

Les écrits du professeur Oumar Kane, du sociologue Yâyâ Wane, de l'historien Baïla Wane et du docteur ès lettres (3ème cycle) Amadou Abel Sy, tous d'éminents chercheurs qui, hélas, ne sont plus de ce monde, m'ont beaucoup servi dans la prospection du passé et des valeurs des Sebbé du Foûta-Tôro.

Les malheureuses assertions de Me Wade à l'encontre de son successeur et de ses ascendants m'ont ainsi donné l'opportunité de replacer Macky Sall dans son véritable lignage. Comme quoi, à quelque chose malheur est bon.

C'est l'occasion de citer la très importante collaboration de Samba Thimbo, oncle des Sall, qui a participé à l'éducation de base des enfants de sa petite sœur Coumba Thimbo et de son cousin et beau-frère Amadou Abdoul Sall. Sa généreuse contribution renforce ce mot de Gabriel Marcel : « *La fidélité brille de son plus vif éclat quand elle triomphe de l'absence de l'être aimé.* »

Bien sûr, on ne saurait parler des Sall sans évoquer le rôle que feu Macky Gassama, ancien député-maire de Fatick et les siens ont joué dans l'accueil et l'insertion sociale de ceux que les Fatickois appellent cordialement Mbégnou. Pour y arriver, j'ai recueilli les témoignages de Hadjâ Astou Bâl (veuve de Macky Gassama) et de sa fille, Marième-Barro Gasama, épouse de Coumba Ndoffène Bouna Diouf, ancien ministre et dernier président du Conseil régional de Fatick.

Mamadou Ndiaye dit Ndiaye-Tergal qui fut le dernier maître de CM^2 de Macky Sall, mes collègues Abdoul Samba Ndiaye et Mamadou-Kébé Ndiaye avec qui j'ai servi au Collège d'Enseignement Moyen Khâr Ndôffène Diouf de Fatick, entre 1977 et 1979, quand Macky Sall y était encore jeune élève, ont mis l'accent sur les compétences scolaires et les nombreuses qualités de leur ancien potache. Abdoul Samba Ndiaye, ancien condisciple de Hamidou Dia, tous les deux ex-membres d'And-Jëf, est également oncle et, cerise sur le gâteau, beau-frère de Macky dont il avait épousé la grande sœur, Rokhéya.

Messieurs Mamadou Lamine Sow, conseiller technique du président de la République et Moustapha Diagne, directeur de la Formation et de la Communication au ministère de l'Éducation nationale, m'ont reçu, écouté et orienté.

Mon fils Abdourahmane LY, ingénieur informaticien, a bien géré la mise en pages du manuscrit de même que tous les aspects techniques y afférents, comme, du reste, lui et sa sœur Halimatou Saadiya, s'étaient bien occupés de la confection de mon livre personnel : « **Saldé-Tébégoutt : métropole du pays des Dialloubé, entre mythe et réalité** ».

Mon doyen Samba Saré, ancien chef du Service de Gestion des Étudiants sénégalais à l'étranger sis à Paris, m'a prodigué de très utiles conseils en vue de la production d'une biographie objective, donc authentique. En plus d'être un homme de conviction et un puits de connaissances, cet ancien inspecteur de l'Enseignement élémentaire, atteint de cécité peu après son admission à la retraite, est doté d'une intelligence et d'une sagesse qui forcent l'admiration.

Mon ami et condisciple Wâgui Sîby, ancien secrétaire municipal à Fatick sous le magistère de feu Macky Gassama, a bien voulu me mettre en relation avec certaines notabilités de la métropole sérère. Je l'en remercie vivement.

Évidemment, je ne saurais taire les dérobades et autres refus de coopération de certaines personnes pourtant très bien assises dans l'appareil politico-administratif du pays qui, à visage couvert et dans l'anonymat le plus total, ont évité de se mouiller.

Leur devise : « *mieux vaut glisser du pied que de la langue* » est celle de tous ceux qui font de l'opportunisme et de la couardise leur ligne de conduite. Quand bien même occuperaient-ils tranquillement de douceureux strapontins, ces individus se sont gardés de me fournir la moindre information sur leur généreux et discret bienfaiteur. « *Qui nourrit un corbeau ne reçoit qu'ordure pour récompense* », clame un proverbe danois.

Par exemple, un monsieur à qui j'ai demandé un document qui, pourtant, dépend de sa sphère d'intervention s'est demandé si je n'ai pas « *frappé à la mauvaise porte* ». Un autre a laissé entendre qu'il ne connaît le Président que « *seulement depuis quelques années* », ce qui sous-entend qu'il n'est pas la personne la mieux indiquée pour porter témoignage sur celui sans qui il serait resté dans l'obscurité et la méconnaissance les plus absolues.

Pour ainsi dire, du fait des nombreuses rétentions d'informations, la tâche a été difficile à exécuter. Néanmoins, je suis arrivé à surmonter la plupart des obstacles car, après avoir obstrué quelques entrées, Dieu a quand même accepté d'ouvrir des lucarnes que, allègrement, j'ai empruntées.

Harouna Amadou LY dit **Harouna Rassoul**

Chapitre premier

Le Foûta-Tôro et le Sine :
Berceaux d'un homme exceptionnel

A. Les origines de la famille Sall

Dans la biographie officielle de Macky Sall, il est noté que le président de la République est né d'un père, Amadou Abdoul Sall, manœuvre au service de l'Agriculture de Fatick et d'une mère, Coumba Thimbo, femme au foyer et vendeuse d'arachides. En plus de permettre à la mère de famille de s'éloigner de l'oisiveté tant décriée par Voltaire, cette dernière occupation doit être perçue comme un véritable adjuvant dans un milieu où l'indigence et la débrouillardise sont monnaie courante (lire le témoignage de Mamadou Ndiaye-Tergal, pp. 198-202).

Ainsi, en Afrique, le commerce de détail est, à la fois, un gagne-pain licite et un passe-temps de prédilection pour la plupart des femmes. Dans les services, à l'école, tout comme au marché et dans les logis, pour contribuer au renforcement du budget ménager depuis longtemps effiloché, les braves dames proposent toutes sortes d'articles allant des produits alimentaires aux vêtements, dont de flamboyantes friperies, en passant par les tissus neufs, les parfums et encens, les détergents et une panoplie de gadgets.

C'est sous cet angle qu'il convient de voir Coumba Thimbo vendeuse de cacahuètes et de produits divers dont des tissus en sus de ses tâches domestiques régulières, à savoir : l'éducation de ses enfants et la cuisine familiale habituelle.

Pour vitupérer contre le président de la République et surtout dans l'optique de le désarçonner moralement avant de pouvoir l'abattre politiquement, certaines personnes ont vite fait de tenter de tourner ses parents en dérision en évoquant leurs difficultés momentanées que, du reste, ni Macky Sall ni son frère Aliou n'ont jamais tenté de dissimuler.

Toutefois, les pourfendeurs de la famille Sall doivent se rappeler que l'indigence qui leur sert de prétexte est le plus souvent la sage-femme du génie car la plupart de nos premiers gouvernants, nombre de nos guides religieux, de nos intellectuels de renom et hommes d'affaires se glorifient d'être issus de parents ou grands-parents à revenus dérisoires. Ce qui, du fait des immenses efforts qu'ils ont fournis pour surmonter les nombreux écueils jonchés sur leurs chemins, rend compte amplement de leur mérite.

Dans sa très enrichissante contribution parue dans le journal Le Quotidien, M. Abdoulaye Khouma, conseiller technique à la présidence de la République témoigne : « ... *Ainsi a agi Macky Sall en opposant chaque fois le mépris à toutes les tentatives d'humiliation : le destin sommaire et étroit dans lequel une partie de la société voulait le confiner a été pulvérisé par sa détermination... Un enfant issu du bas peuple et que rien ne préparait à atteindre les sommets de la hiérarchie sociale et professionnelle a usé de certaines valeurs traditionnelles qu'il a bien combinées avec les ressources morales disponibles chez tout homme pour transformer son destin en œuvre...*

« *Au lieu de se résigner à occuper la place* secondaire *sculptée en amont par la société, il s'est forgé la morale du travail sérieux et persévérant parce qu'il savait que tout ce dont l'homme manque, il peut le gagner par le travail. Il savait qu'aucune société ne peut refuser de valoriser le travail bien fait ou de bénéficier des fruits du travail d'un de ses fils sous quelque prétexte que ce soit… Au final, par une série de réussites ayant succédé à des échecs, Macky Sall a aussi bien illuminé sa société que la Communauté internationale…*[2] »

Conformément à la sagesse de ses racines, Macky Sall sait que le travail dans lequel réside la dignité de l'homme ennoblit. Pour appréhender cette force qui l'aide à se tirer d'embarras chaque fois qu'on le croit abattu, il faut nécessairement interroger le passé de sa lignée : un passé glorieux qui ne cède place ni au défaitisme ni à la peur, encore moins à la ruse et à la combine. Voilà pourquoi son patronyme Sall mérite bien qu'on s'y attarde.

Selon Sirê Abbâs Sow, auteur de Chroniques du Foûta sénégalais[3], tous ceux qui portent le nom Sall, les « Salsalbé » (ceux qui refusent, les entêtés ; singulier : thialsalo), sont « *issus d'un certain Birom Bôcar descendant de Makam, le père de Bodéwal* » dont les petits-enfants se sont fait remarquer par leur désir d'être tout à fait libres et indépendants (salâdé) vis-à-vis des autres entités.

D'ailleurs certains chroniqueurs avancent que **Bâ** est le patronyme d'origine de ce clan. Parce que dérivé de « salâdé », « thialsalo » est plutôt un comportement, un état d'esprit, qu'un nom de famille. La tradition orale fait venir les Salsalbé du Nord (réwo) : d'un pays, région ou village appelé Bahel qui signifie petite barbe ou petit fagot. Bahel peut aussi résulter d'une mauvaise prononciation d'un autre terme.

Les Salsalbé se sont installés à Guédé wouro (Guédé village) aux côtés des Peuls. À cause de leur caractère foncièrement belliqueux, leur cohabitation avec les chefs des communautés peules dont celle de Guédé village qui leur avait accordé l'hospitalité, n'a pas été aisée. Ils durent déguerpir. Alors fief des

---

[2] Abdoulaye Khouma, « L'Éthique et la morale chez Macky Sall… » in *Le Quotidien* du 22 juillet 2015, p. 11.
[3] Paris, 1913.

Gallounkôbé (captifs plus ou moins libres) de patronyme Camara, Guédé-sâré les accueillit tant bien que mal.

Comme ils refusaient de vivre sous le joug des souverains locaux, les Salsalbé y créèrent une hiérarchie qu'ils dénommèrent lâmtôro (royaume ou souverain du Tôro). Birom Bôcar fut le premier du clan à accéder à ce titre. Suite à sa disparition, Ely Banâ, son fils cadet, hérita du trône ; ce qui n'était pas du goût de ses frères aînés qui, parce que très dépités par cette hérésie, se joignirent plus tard à l'armée de Koli Tenguella qui, pour les récompenser, leur confia l'administration de certaines provinces.

Portant tous le patronyme Sall, les lâmtôro étaient investis à Guédé-sâré, sous un tamarinier, mais les aspects mystiques dont les sacrifices d'animaux se déroulaient à Thiéhel situé à une dizaine de kilomètres de là. Leur propriété s'étendait de Dagana, à l'Est, à Toulel Bawdhi, à l'Ouest.

Aux dires des traditionalistes du Foûta, quelques décennies avant l'expansion peule dêniyanké, les Farba du Foûta se sont affrontés : d'aucuns, totalement soumis au Djolof, pressuraient les populations tant au profit de leur puissant suzerain qu'à leur titre personnel tandis que d'autres, plus soucieux de leur autonomie propre, prirent leurs distances par rapport au bourba.

Des raisons d'ordre religieux ajoutaient à cette agitation sociale. En effet, certains roitelets musulmans soutenus par les Maures tenaient à imposer leur religion à leurs voisins qui, demeurés païens, se cramponnaient jalousement à leurs croyances ancestrales.

C'est dans ses circonstances très confuses que, venant d'un pays appelé Badyar, Koli Tenguella atteignit Tichit par le Kaarta. Après avoir longé maintes vallées, dont la Falémé et le Bafing, Koli arriva dans une zone qu'il appela Foûta ; il attaqua le Tôro (partie occidentale du Foûta), chassa Ely Banâ Birom Mbôlou qui trouva refuge au Saloum, puis il tua le dernier souverain, Ali Ely

Banâ, dont il épousa la fille, Fâyol Ali Ely Banâ, avec qui il eut Yéro Koli, Labba Koli, Moûssé Koli et Banel Koli.

Enfin, Koli annexa tout le Foûta qu'il affranchit de l'emprise du Djolof et du lien de vassalité que le royaume de Diara, lui-même inféodé au Songhay, exerçait sur le fief des lâmtôro. Par ce fait, Koli inaugura l'empire dêniyanké qui prospéra de 1512 à la mise sur les fonts baptismaux, à partir de 1776, de la théocratie élective ou almâmiyat du Foûta-Tôro.

Loin de digérer le coup de force perpétré par surprise, la plupart des Salsalbé du Tôro décampèrent pour essaimer à travers les autres provinces du Foûta et même au-delà. Partout où ils sont passés, soit ils sont parvenus à créer de nouveaux villages dont ils devinrent les chefs, soit, ils se sont fondus dans les populations qui assurèrent leur intégration totale.

Du fait de leur « volonté de puissance » innée, les Salsalbé sont ipso facto admis dans les classes dirigeantes des sociétés hôtes. Ainsi, à Donnây, ils sont devenus Tôrobbé et portent le titre d'Elimâne ; à Dodhel, Tôrobbé, ils exercent la fonction de Thiêrno Sînthiou Dodhel. À Wourou Dialaw, ils sont Diâ-Law et Tôrobbé.

À Ndioum, Mboumba, Pété, Wâssétâké, Mbôtto, Thilâ, Diâranguel, ils sont notables Tôrobbé, Peul et chefs de village à Bokké-Sal-salbé, Sebbé à Saldé de même qu'à Agnam-Goli où ils assument la fonction de djâgaraf.

À Doumga-Wouro-Thiêrno, ils sont Tôrobbé avec le titre d'élimâne. À Thiempengh, ils sont Sebbé et diâgaraf. Tôrobbé avec le titre de Thiêrno fay-fâdjo à Horkadjéré. À Banâdji, ils sont Tôrobbé avec le titre d'élimâne Léwal. À Diâmounguel, les Sal-Salbé sont Tôrobbé et diôm. À Bêli-Thindi, Ndouloumâdji-Dembhé et Nguidjilone-Wélingara, ils sont Sebbé, grands notables et chefs de collectivités.

Dans certaines localités du Wâlo-Brack, du Cayor, du Baol, du Ndiâmbour et du Foûta-Tôro, certains anciens domestiques arborent fièrement ce nom qui est aussi celui de Fatoumata, fille du lâmtôro Ibrahima Sall et mère de Ndiandiane Ndiaye, ancêtre des Wolof et fondateur du royaume du Djoloff, dont le père, Abou Bakr Ibn Omar alias Abou Dardaï, un chef de guerre almoravide, fut tué en 1087.

Macky Sall est un pur produit de la prestigieuse caste des Sebbé qui, pendant longtemps, a dominé le Foûta. Mieux, il descend du fameux Ely Banâ Sall, célèbre lâmtôro qui, après son évincement du royaume du Tôro, occupa le Sâloum suite à sa victoire sur le roi Sâloum Souwâré.

La tradition orale retient qu'après s'être fixé à Ndiob, dans le Mey, Ely Banâ tint à convertir les Sérères à l'islam. Mbégâne Ndoûr (roi du Sâloum de 1452 à 1472 et du Sine pour une période très brève) s'y opposa fermement. Les deux hommes livrèrent bataille dont Ely Banâ sortit vainqueur. Par la suite, Mbégâne conçut et exécuta un stratagème qui, à terme, fut fatal à Ely. C'est ainsi qu'il se métamorphosa en serpent-piqueur, s'introduisit dans la babouche d'Ely Banâ et lui mordit le pied alors que ce dernier se rechaussait.

Mbégâne ne fut sauvé des griffes des parents de sa victime que grâce à l'intervention rapide de sa sœur, pour la circonstance, transformée en chatte, qui l'emporta au loin. L'événement s'est produit à Kawône. Sirê Abbâs Sow nous apprend qu'une partie de la famille du défunt est revenue à Guédé tandis que les autres membres se sont dispersés à travers le Foûta.

Selon Samba Lêldo Seck, la filiation de la famille paternelle de Macky Sall s'énonce comme suit :

Branche paternelle du père de Macky Sall : ***Macky fils d'Amadou, fils d'Abdoul, fils de Boûbou, fils de Samba, fils d'Oumar, fils d'Amadou, fils d'Atou, fils de Hammet, fils de***

Mawndé, fils de Fêrella, fils d'Ali, fils d'Ely, fils de Banâ, fils de Birom, fils de Bôcar, fils de Birom, fils de Mbolou, fils de Mâkam, fils de Dété.

Rameau maternel du père de Macky : **Macky Amadou Boûdi Samba Sâdjo Diam Seydi Sawa Yettoum Sâdât Doulo Nguédji Ganna Kârîmou Thimbo.**

Fêrella Ali Ely Banâ, l'un des trisaïeuls de Macky Sall, est resté à Guédé. Ses descendants se sont éparpillés entre Sêdo-Abbâs, Bokidiawé et Diowol qui sont des localités tôrobbé, Sinthiâne-Padalal, Sinthiou-Garba, Nguidjilone et Ndouloumâdji restés dans le giron thieddo.

B. Les Sebbé du Foûta-Tôro : une incomparable force de frappe

Tout d'abord, il convient de rappeler que, comme le sociologue Yaya Wane l'a si bien décrite, la stratification sociale du Foûta-Tôro repose sur trois grandes communautés : les Rimbé, les Gnêgnbé et les Djiyâbé.

• Les Rimbé ou hommes libres regroupent les Tôrobbé suivis des Sebbé, des Diawanbé et des Soubalbé.

• Les Gnêgnbé qui exercent un métier manuel comprennent les Mâboubé (tisserands et potiers), les Wayilbé (forgerons et bijoutiers) ; les Sakkêbé (tanneurs, savetiers et cordonniers) ; les Lawbé ou boisseliers ; les artisans maîtres de la communication sociale (Wammbâbé guitaristes aux côtés des Awloubé qui sont des généalogistes patentés et de véritables flagorneurs).

• Les Djiyâbé ou djéyâbé (ceux qui sont captifs) ou Mathioubé (esclaves) dont les dépendants (halfâbé), les affranchis (sôttîbé) et les « remis à Dieu » ou affranchis sans bourse délier du fait de leur servilité reconnue (dathiranâbé Allah).

Les Sebbé auxquels appartiennent les Sall de Nguidjilone et de Ndouloumâdjé-founêbé sont des « rimbé », c'est-à-dire des personnes affranchies de toute subordination économique, politique et sociale, donc des hommes totalement libres.

Le Professeur Oumar Kane soutient que « *les Sebbé (singulier thieddo) désignent dans la bouche d'un pulaar, toutes populations noires voisines qui ne parlent pas pulaar.* » Ainsi, tous les Foûtankôbé non hal-pulaaren sont considérés comme des Sebbé. Il s'agit, notamment, de ceux d'origine wolof qui cohabitent avec les authentiques hal-pulaaren. Ceux qui, parmi eux, se sont établis dans le Diêri, sont surnommés Sebbé-Diêri.

Les Soninké ou alambé (c'est-à-dire habitants du Galam) du Foûta-Tôro qu'on retrouve à Dîara, près de Ndioum, à Madîna-Ndiathbé, Bokidiawé, sont également considérés comme des Sebbé.

Pour Baïla Wane, les Sebbés « *sont des descendants d'un fonds de populations établies dans la vallée à une époque antérieure au régime dêniyanké (qui a prospéré de 1490 à 1776)* [4] ».

Avant l'expansion de l'islam dans la vallée du fleuve Sénégal, les Foulbé, généralement de teint clair parlant pulaar, et les Sebbé de teint noir s'exprimant soit en soninké (alambé), mandé, (mandingkôbé), sérère ou wolof (sebbé djolfoubé), vivaient aux côtés des Maures.

Pour se faire comprendre, les Sebbé wolofophones ou Sebbé-Diêri habitant au cœur du Foûta, incorporèrent dans leur parler plus ou moins hybride, mais tout de même charmant, des termes pulaar ou soninké selon l'ethnie de leurs voisins. De nos jours, on les retrouve dans des localités comme Nianga-Niendâne, Âgnam-

---

[4] Baïla Wane, « Le Fuuta-Tooro, de Ceerno Souleymaan BAAL à la fin de l'almamiyat (1770-1880) » in *Revue Sénégalaise d'Histoire*, 1981, 2,1 38-50.

tôwnguel, Lougué-Sebbé, Loûr, Sêdo-Sebbé, Sâré-mawndé, Thiârêne, Thiéhel-Sebbé, Bokidiawé...

Très impliqués dans la gestion économique et politique de leurs localités, les Sebbé portent, en général, les titres suivants : diâgaraf (commis aux fonctions d'arpenteur des terroirs agricoles et de percepteur de dîme), farba et kamalenkou. Les fonctions de farmbal, palimpa, maysa, boumoy et djândou d'origine mandé ou wolof (bou-moy), ne se rencontrent que dans certains villages du Bôssoya, du Nguénâr et du Damga.

Les Sebbé hal-pulaar'en sont subdivisés en deux entités typiques.

D'une part : les wourankôbé (sédentaires) ou worgankôbé (méridionaux) tous d'anciennes populations de l'empire Tékrour, de nos jours vivant à Ndioum (farba : Sy), Wâlaldé, farba : Dieng descendant du fameux Weyndé Dieng). À Thiênel, on les appelle hartallanâbé et ils portent les patronymes Lô et Diop. À Erem, ils sont farba avec comme nom Mbégnîga. À Kaëdi, ce sont des farmbal : Diop ; à Hâyré-Lâw, djâgaraf : Thiôy.

À Dioudé-Diâbé, djâgaraf : Ndiaye et kamalenkou tippali : Sy. À Pété-diêri, diâgaraf : Sy (descendants d'Aliw Pendô) ou Diâ (postérité de Samba Moûdo). À Saldé (Pété-wâlo), diâgaraf : Ndiaye de la famille de Sam-Mathioudo ; à Galoya-Tôrobbé (djâgaraf : Diallo) ; à Diowol, farba : Diâck.

À Kaëdi, farmbâl : Diop, diâgaraf djounfinâbé : Niang ; Hôréfôndé, boumoy : Ndiaye et à Dionghto, djâgaraf : Sow.

D'autre part, les Koliyâbé, guerriers engagés au service de Koli Tenguella, qu'ils ont accompagné dans ses aventures contribuant ainsi à asseoir l'unification du Foûta dans le cadre de la première hégémonie peule. (O. Kane).

« Les Koliyâbé ont instauré une véritable Sénégambie avant l'heure, montrant, à suffisance, qu'il est possible de construire de

grands espaces viables avec une continuité territoriale propice à la mobilité séculaire des hommes et des biens et par conséquent au développement.[5] »

Ils vivent essentiellement dans l'actuelle région de Matam, notamment à Horkodjéré, Diandjôli, Nguidjilone (chef de village de Lodjjou : Diâ ; chef de village Wélingara : Sall ; djâgaraf : Thiam) ; Sinthiou-Garba-koliyâbé : Lô ; djândou fâlbé : Fâl, Gôuriki-Koliyâbé : Sy, Ndiaye, Diâgne, etc.

En les libérant de la tutelle de Satigui Soulé Ndiaye qui, aux antipodes des prescriptions islamiques, avait fait de certaines de leurs filles ses concubines légales ou târa, statut que l'islam réservait aux femmes de condition servile, Thiêrno Sileymâni Bâl aura non seulement contribué à leur rendre leur dignité héréditaire mais aussi à bénéficier de l'alliance de guerriers intrépides sur lesquels reposait essentiellement la puissance des Satigui. Les Koliyâbé abandonnèrent Soulé Ndiaye pour s'établir définitivement à Horkadjéré, Djandjoli, Sinthiou-Garba et Nguidjilone.

L'objectif escompté est vite arrivé : grâce au cran des Sebbé Koliyâbé, Thiêrno Sileymâni Bâl est venu à bout aussi bien des Maures qui rançonnaient le Fôuta que des Satigui qui le terrorisaient. (M.Y. Sall).

Parce que maîtrisant le Coran et les sciences islamiques, d'anciens Sebbé, Soubalbé (pêcheurs) et Diawanbé (nobles souvent courtisans et conseillers des rois), sont admis dans le clan des Tôrobbé : une couche élitiste originellement assujettie aux privilèges que seule la maîtrise du Coran lui conférait.

Faut-il le rappeler ? Les Tôrobbé, d'origine hétéroclite parce que provenant de toutes les autres castes, n'existaient pas avant l'expansion de l'islam au Fôuta-Tôro où, derrière les Foulbé, les

---

[5] Hamady Bocoum, *Enquête* N°1114, 4 mars 2015, p. 3.

Sebbé constituaient le groupe social le plus important. « *Tôrôdo, étymologiquement, signifie le quémandeur (torotôdo).*

« *Le surnom a été donné par les Foulbé aux élèves de l'école coranique qui sont obligés de quémander l'aumône pour subsister. Le terme a désigné les intellectuels,* les *hommes du livre, propagateurs de l'islam…*»[6]

Le Prophète Mohammed (psl) anoblissait tout individu qui acceptait de prononcer la profession de foi (chahada) et respectait la Charte de l'islam. Celui-là devenait alors mawla (pluriel mawâli) ou client de son ancien maître.

Tout comme **ngâri-djamâ** ou **ganndo-binndi** chez les Tôrrobé, **djarno** chez les tisserands, **fôssiri** chez les cordonniers-savetiers, **mâlaw** chez les boisseliers ou lawbé, **yari-mâyo** chez les Soubalbé, **mbégnouganna** n'est plus un titre mettant en relief des actes de bravoure dûment constatés, mais un terme générique.

De nos jours, tous les Sebbé portent cette appellation qui résulte du vocable « wégnîbé » (singulier « bégnîdo » de Ganna), autrement dit, les espiègles ou tordus de Ganna Diop, notable thieddo dont l'un des fils faisait preuve d'un courage excessif.

L'adolescent et sa classe d'âge (feddé Ganna) menaient des actions extravagantes. D'où leur notoriété dans leur province. Aussi les qualifiait-on d'espiègles de Ganna (mbégnouganna, diminutif, mbégnou). Mbégnîga ou Mbégnoûga est un patronyme exclusivement thieddo qui a cours à Diâba, Dabbé, Diorbivol, Horkadiéré, Lôbali, Saldé-Tébégoutt et Wêndou-Bôssoyâbé…

Grands propriétaires terriens, guerriers redoutables, les Sebbé sont surtout connus pour leur bravoure, leur courage à toute épreuve, leur obstination et le respect inné qu'ils vouent à la parole donnée. Selon Yaya Wane, le courage indomptable,

---

[6] Kane Oumar, « Les unités territoriales du Fuuta Tooro », *in BIFAN, tome XXXV*, n.3, p. 618, UCAD, juillet 1973.

l'intrépidité et le sens de l'honneur (jom) les définissent bien. S'y ajoute l'insensibilité à la douleur physique du fait de leur invulnérabilité au fer (tounndouram).

D'ailleurs, c'est ce qui, jadis, explique leur implication dans tous les conflits armés. Qu'il s'agisse des éternelles guerres intestines qui avaient cours au Foûta ou des affrontements entre les Foûtankôbé et d'autres peuples. « *Mieux vaut vivre un jour comme un lion que cent ans comme un mouton* » semble être leur credo. Par exemple, à Dioudé-Diâbé, Nguidjilone et Dioudé-Goûriki, villages situés sur la rive gauche du fleuve Sénégal, les Sebbé observaient les Maures pourtant mieux armés et toujours à l'affut et s'opposaient physiquement à leurs agissements.

La veille de ces batailles (djamma Goundabi) au rythme endiablé de tambours de guerre (bawdhi pédja djîdjam) détenus par vingt-trois chefs de clan sebbé dont les farbas de Diowol, de Wâlaldé, d'Erem-Thilone et de Ndioum, le lâm-Tôro de Guédé, le djâgaraf koliyâbé de Nguidjilone… les combattants se prêtaient à des chorégraphies de guerre appelées « djimdi pédja djîdjam » ou chants du sang très proches du Bawdi Alamari (du mandé *Alla mari s*ignifiant *que Dieu nous garde)* des Dêniyankôbé.

Au cours de ces joutes martiales, les danseurs pénétraient individuellement dans un cercle créé à cet effet. Tout en paradant, chaque guerrier potentiel prenait l'engagement solennel d'accomplir des prouesses dignes d'un Thieddo. Lawbé-goumbala et mâboubé-soûdou-Pâté déclamaient sa généalogie, ses hauts faits et ceux de ses ascendants tout en récitant des poèmes de guerre dits **kontimpâdji** que les Peul dêniyankôbé ont également adoptés. Le guerrier qui, d'aventure, n'honorait pas ses promesses, était exclu de la cohorte et privé de la danse aussi longtemps qu'il n'aura été réhabilité par des actes de bravoure dûment constatés. C'était une grande honte pour un thieddo qui a participé à une guerre avec un ami ou un frère que d'en revenir sans l'un ou l'autre. Il préférerait plutôt mettre fin à ses jours sur place que d'être accusé de fuite devant l'ennemi.

Samba Guélâdio Djêgui est l'incarnation de la thieddâgou : dignité morale et, à l'image des Gounjamou soninké, propension à la guerre tous azimuts pour défendre son honneur au prix de sa vie. Son **Goumbala,** épopée chantée sur accompagnement de « bawdhi pédja djîdjam » tam-tams ensanglantés, est un hymne à la bravoure et une chanson héroïque à la mort dans laquelle tout Thieddo qui se respecte magnifie sa destinée de guerrier, sa fidélité à ses ancêtres et à la haute élévation morale de sa caste. (Amadou Abel Sy).

Le Goumbala entraîne les guerriers au combat et y soutient leur confiance en stigmatisant tout ce qui déshonore manifestement le combattant : à savoir la peur du trépas, sinon la peur de la mort sans gloire dans son lit. « *Les guerriers passent la nuit à la belle étoile alors que les poltrons se recroquevillent dans leurs cases* », rappellent leurs griots. Tout Thieddo qui chante le Goumbala doit nécessairement être pénétré de sa généalogie qu'il rappelle en public, si c'est lui le héros à honorer, ou qu'il lie à la lignée du brave homme en question à l'occasion de ces tirades fougueuses ou « *payka* » : phrases grandiloquentes et grotesques sortant très souvent d'une bouche rougie par la consommation abusive de noix de cola ou de tabac chiqué ou prisé sans arrêt.

Le Goumbala est multiple et multiforme. On y retrouve aussi bien des thèmes foncièrement païens que des versions à soubassement typiquement islamique, dans un syncrétisme harmonieux :

« Dieu, par les oraisons de ma mère.

Dieu, par les invocations de mon père,

Ne me tuez pas d'une petite mort avilissante,

Celle de mourir dans mon lit,

Face aux sanglots des enfants, aux jérémiades des vieillards et aux appels à Dieu du marabout.

Tuez-moi quand les balles gobées sont recherchées par les mousquetons... »

Poésie agressive, le Goumbala ne s'adresse qu'aux courageux, à « *l'homme dont la poudre de fusil est en or et la corne à poudre en argent* », à l'homme qui n'a pas peur de mourir tout de suite, aux « *croiseurs de lances* », à « *l'homme au cœur de lion* », au « *preux qui ne va pas au trot*[7] ». À l'écoute du Goumbala, « *dâdé djîdjam* » ou voix de sang qui rappelle son passé noble et guerrier, le jeune thieddo au sang toujours chaud, brandit son poignard et, à défaut de l'ennemi à tuer, il peut se trancher l'oreille, pour en faire don aux artistes !

Ainsi, particulièrement fier, le Thieddo est souvent réfractaire aux normes dont s'arrogent les autres castes. Sa noblesse virile et apparente se manifestait à travers ses tresses et l'anneau d'or qu'il portait à son oreille droite ou, à défaut de ce métal précieux, par son lobe percé. À l'occasion des grandes rencontres nocturnes qui se tenaient sur la place publique, très gonflés par la présence de la gent féminine aux mains noircies de henné et celle des chanteurs de talent, rivalisant d'ardeur et d'audace, les jeunes sebbé allaient souvent jusqu'au sacrifice suprême car tout affront manifeste non lavé, séance tenante, pouvait les inciter au suicide.

---

[7] Amadou Abel Sy, *La Geste tiedo*, UCAD, 1979-1980, p. 367.

Nés téméraires, les Sebbé ont, dans cette ambiance féerique, appris à se pavaner avec leur fameux poignard (djoullâwi), toujours prêts à affronter quiconque se hasarde à les provoquer, voire les déshonorer. D'ailleurs, selon Yâyâ Wane, il se raconte que certains adolescents sebbé procédaient naguère à leur propre circoncision !

Les femmes sebbé n'ont jamais été en reste. Par leurs chants et danses organisés à l'occasion des circoncisions et des mariages, elles déclament les **Lenggui,** poèmes héroïques, accompagnés de son de calebasses. Tout comme le goumbala chez les hommes, pour les femmes, le lenngui est un dédain de la mort, un hymne à l'honneur et à la vaillance. Chanté la veille d'un mariage, il met l'accent sur la virginité obligatoire de la fille et sur l'appartenance des futurs époux à la très intrépide caste des Sebbé. On y convoque les valeurs cardinales qui sous-tendent la thieddâgou : ensemble de principes sacro-saints auxquels doit souscrire tout Thieddo digne de ce nom.

Les membres des familles des futurs conjoints et, subséquemment, tous les Sebbé sont tenus d'y renouveler leur serment de dévouement total à leur collectivité et à toutes les valeurs que celle-là incarne. Là, toute promesse faite doit être tenue à la lettre. De plus, le sang et la mort sont totalement banalisés, de même que le suicide et l'homicide perpétrés pour restaurer un honneur bafoué en public.

Voici un exemple de Lenggui (Le vainqueur du jour) : « *C'est Gorel, petit-fils de Gorel, l'homme aux grands jours ! Le vainqueur du jour, c'est l'homme au cheval blanc que je hèle, le vainqueur du jour... Fâche-toi et tue le fils d'un noble, si on te fait des reproches reste debout sur son cadavre, si on ne te fait pas de reproche, alors pavane-toi.* » [8]

---

[8] Amadou Abel SY, *op. cité*, pp 442, 443.

Comme le soutient Amadou Abel Sy, lui-même thieddo natif du village de Galoya décédé à la fleur de l'âge, être le « **vainqueur du jour** » signifie l'emporter sur la souffrance et le tourment, à l'image du vrai combattant qui, le jour des rencontres belliqueuses, parvient à vaincre ses ennemis. Pour le jeune aspirant, les complaintes des femmes sebbé constituent une invite à se conformer à l'idéal de son clan, en supportant la dure épreuve de la circoncision qui se pratiquait à l'aide d'un coutelas souvent non aiguisé ; le prépuce étiré et ligoté était posé sur un vieux mortier maculé de sang asséché.

Loin du regard des femmes et des non-circoncis, le forgeron-guérisseur exécutait l'opération. Pleurs et gémissements du circoncis sont considérés comme un cas de déshonneur de toute la famille que les mauvaises langues rapportaient de génération en génération.

Outre le goumbala et les lenggui, les Sebbé hal-pulaaren possèdent aussi le **laghiya**, un air joué par une guitare traditionnelle à cinq cordes et qui, à l'origine, était la propriété exclusive de Samba Guélâ Diêgui.

Chant historique, le laghiya évoque le passé des Sebbé, leur courage, leurs victoires, leur âge d'or. Il exalte nommément les preux guerriers restés sur les nombreux champs de bataille : Bilbassy et Diôrôdou, notamment. Il apostrophe les jeunes sebbé à qui il rappelle leur devoir de respect à l'égard du noble sang qui coule dans leurs veines, la prise en charge partout et toujours de leur condition guerrière : leur thieddâgou :

« **Sângay sângâji**, Des époques parmi les époques,

Nialdê nialâdi, Des jours parmi les jours,

Nialdi Allah éné kêwi, Les jours de Dieu sont nombreux

Edi kêwi di limotâko ! », Ils sont si nombreux qu'on ne peut les compter.

Il s'agit des époques et des jours de gloire que se remémore un vieux guerrier dorénavant incapable d'agir ; ou de hauts faits dont a entendu parler un adolescent, encore trop jeune, pour combattre.

Amadou Abel Sy dit Doûdou rappelle que, au Foûta, il est souvent arrivé qu'un Thieddo se soit dévêtu de son boubou pour combler un griot ; ou fractionner son oreille ou son doigt à défaut de billets de banque à proposer.

« *Le laghiya, par les souvenirs qu'il évoque (temps des guerres, ancêtres morts sur les champs de bataille, l'heureuse époque des satiguis et des farbas), constitue par lui-même une source constante d'exaltation...*

"Son langage, dans son rythme tantôt hésitant, tantôt nerveux, pressé, haletant, ne dit qu'un seul discours : la beauté de tout acte de courage, honneur qui suit le brave, la gloire qui fleurit sur la tombe des morts, les armes à la main, le respect dû au téméraire, l'admiration reconnue au preux.[9] »

Tout ceci n'est pas sans rappeler l'honneur corse ou les chanteurs de cornemuse durant la Seconde Guerre mondiale, montrant ainsi l'universalité de certaines valeurs. *"L'honneur, écrit Vigny, c'est la poésie du devoir"*.

Ce sont toutes ces valeurs morales traditionnelles que Coumba Thimbo et Amadou Abdoul Sall ont tenu à inculquer à leurs enfants : en tête de liste, Macky, deuxième de la progéniture et le premier des garçons d'une famille qui assume la fonction de djâgaraf de Ndouloumâdji. Les Sall y sont des propriétaires terriens, des arpenteurs et gestionnaires patentés des terroirs agricoles de toute la collectivité.

Tout vase ne répand que ce qu'il contient : le caractère parfois tranché de Macky Sall, son culte de la rectitude, sa rigueur et son

---

[9] Amadou Abel Sy, *op. cite*, p. 454.

sens de l'équité, prouvent, s'il en est encore besoin, que *le fleuve peut bien déborder, mais les cailloux restent toujours au fond.*

Au total, l'appartenance de la famille de Macky Sall à la communauté des Sebbé ne se discute pas. Sa descendance, d'une part, d'Ali Ely Banâ Sall, grande figure de la lignée royale des lâmtôro de Guédé, d'autre part, des généraux (Koliyâbé) de Koli Tenguella fondateur de l'empire dêniyanké et architecte de l'hégémonie peule au Foûta-Tôro, est une évidence.

Tenant compte de la thèse selon laquelle Ely Banâ Birom Mbôlou, ancêtre d'Amadou Abdoul Sall, a régné sur le Sâloum, Dâhâ Seck, le griot attitré des Sall, soutient que l'actuel président de la République dont la famille porte le titre de bêss à Nguidjilone et de djâgaraf à Ndouloumâdji-founêbé, aurait pu, à juste titre, ambitionner de diriger le Sine-Sâloum où ses parents se sont fixés, où il est né et d'où est originaire Âss Faye, son beau-père.

Voilà qui clôt sur le lignage immaculé de Macky Sall que certaines personnes ont eu la maladresse de contester. Nous y reviendrons dans le débat sur les propos outrageux de Me Abdoulaye Wade (voir Annexes, p. 181).

C. Le Sine, terre d'adoption des Mbégnou

Dans le témoignage qu'elle a bien voulu m'accorder, Aïssatou Bâl dite Astou, arrière-petite-fille de Thiêrno Sleymâni Bâl, père fondateur de l'almâmiyat du Foûta-Tôro, affirme que c'est en juillet 1952, à l'occasion de son mariage avec Macky Gassama, alors chef du secteur agricole du Sine, qu'elle fit la connaissance d'Amadou Abdoul Sall alias Mbégnou. Jusque-là Macky Gassama (Photo 1) vivait avec Mériama Sâr, sa première femme. Par la suite il épousa Rockéya Baro, fille de Thiêrno Baro, alors grand marabout et guide religieux à Mbour.

À ce moment-là Astou Bâl était encore élève à l'École normale des jeunes filles de Rufisque où elle avait souscrit à un engagement à servir dans l'enseignement au terme de ses études. Pour l'épouser, Gassama a dû rembourser tout ce qu'elle devait à son établissement scolaire.

Mbégnou a quitté son Foûta natal vers 1946 et n'y est plus retourné jusqu'à sa mort, en 1998, à 74 ans. Il séjourna d'abord à Dakar avant d'être recruté par l'Entreprise "Solidité" qui a construit la route Dakar-Kaolack ; c'est ce qui l'amena à Fatick en 1948. Au terme de son premier contrat, il fut embauché par la succursale de la maison de commerce "Chavanel" de cette bourgade sérère.

Macky Gassama servait alors comme moniteur d'agriculture à Mbirkilane. Suite à l'accident qui l'a rendu handicapé, en 1951, il fut affecté à Fatick où, par l'entremise d'un certain Samba Guissé, riche marchand originaire de Dodel et grand frère du célèbre homme d'affaires, Silèye Guissé, il rencontra Amadou Abdoul Sall, un zazou au commerce facile, alors très populaire dans le milieu hal-pulaar du Sine.

Les deux hommes nouèrent une amitié si indéfectible qu'ils finirent par cohabiter sous le même toit, à Logandem. Astou Bâl garde toujours en mémoire son repas de noces auquel son mari, Macky Gassama, s'était fait accompagner par Mbégnou qui, à l'occasion, portait un très joli ensemble bazin bleu bien amidonné. Comme il faisait très chaud, à l'insu de tous, Amadou Abdoul ôta son grand boubou pour se rafraîchir le corps dans la mare d'à côté. On le chercha longuement.

Par la suite, il réapparut au grand soulagement de son ami Gassama qui s'inquiétait. Pour procéder au remplacement de Birâne Démé de Kanel, précédemment manœuvre titulaire à la circonscription agricole de Fatick, Macky Gassama enrôla Amadou Abdoul Sall alias Mbégnou. C'est, presque au même moment, que la famille acquit sa maison sise à Peulgha où le Thieddo occupait un trois-pièces.

La nature ayant horreur du vide, Macky Gassama donna à Amadou Abdoul la main de Coumba Tacko Ndiaye, une jeune fille hal-pulaar de Fatick, sœur cadette d'Abdoul Dôro Ndiaye, alors homme politique très en vue au Foûta-Tôro. C'était sans l'assentiment de la famille de Mbégnou dont la tante, Dieynabel Banel Thimbo, venue du Foûta, annonça que le mariage était nul et non avenu et que son neveu allait bientôt convoler en justes noces avec sa cousine qui lui était réservée.

Sitôt dit, sitôt fait. Dieynaba retourna au Foûta où, dès son arrivée, la famille scella l'union entre Amadou Abdoul et sa cousine germaine Coumba Thimbo âgée de 16 ans. C'était en 1957-1958. *Qui cède le haut du pavé s'élargit le chemin.*

Très respectueux des us et coutumes de sa contrée, Mbégnou était sûr qu'un tel mariage ne pouvait que générer des avantages pour lui, pour son épouse et pour sa future postérité.

L'homme de Ndouloumâdji-founêbé, élevé à Nguidjilone par son oncle maternel Koïly Thimbo, se plia à la volonté de son autre oncle, Seydi Thimbo, également tonton et tuteur de Coumba Thimbo orpheline de père dès le bas âge.

Comme Rokhéya Baro, la dorénavant première épouse de Macky Gassama, était en voyage, c'est Astou Bâl, sa coépouse, qui reçut la nouvelle mariée qu'on surnomma Coumba Mbégnou parce conjointe d'un Thieddo, un mbégnouganna, et membre à part entière de ce clan.

Sa lignée paternelle est la suivante : ***Coumba, fille d'Amadou fils Demba, fils de Sâdio, fils de Diam, fils de Seydi, fils de Sawa, fils de Yettoum, fils de Sâdât, fils de Doulo, fils de Nguédji, fils de Ganna fils de Karimou Thimbo…***

Sa filiation maternelle : *Coumba fille de Diârayel, fille de Hammet, fils de Samba, fils de Godo, fils d'Amadou, fils de Sirê, fils de Gorel, fils de Samba, fils de Tando, fils de Wari, fils de Mîdja Mangâne.* Ou **Coumba Amadou Diawli Hassane Ali Hammadi Mériam, Billel, Yettoum, Birom, Samba Fêrella Ali Eli Banâ Diallo.**

De même que : **Coumba Amadou Diawli** Hassane **Ali Hapsa Samba Ali Maram Sawa Kouwa Dollo Halfi Ngôné Senghâne Samba Ali Boukari Demba Maham Abdallah Thiâgâne Ndiaye.**

Diârayel est issue de Mériam Hassane dont le père, Hassane Sâdio Coumba Âli Labba Âli Pennda Hammadi Téguédy Pennda Hâwa Koli Thiâgane Diallo, était un guerrier hors pair.

Aux côtés de Saër Maty Bâ, fils et successeur de Maba Diakhou Bâ, Hassane a combattu Biram Cîssé et pris une part très active dans toutes les luttes menées par Abdoul Bôcar Kane, le grand résistant foûtanké. Mboumba, Lobouguel, Dioudé-Abdallah, Thiânekone, Bôfel, Dirmbodja, Diôrôdou et Sata figurent parmi leurs illustres champs de bataille.

Tous originaires du Dâbiya primitif, alors situé sur la rive droite du Sénégal, dont sont issus les villages de Nêré, Wôloum et Rindiaw, les Thimbo sont des Tôrobbé authentiques. Sous la houlette de Karîmou Thimbo et Doundou Séguélé Kane (grand-père d'Abdoul Bôcar Kane) et après de très rudes et longues batailles qui les ont opposés aux Maures, ils décidèrent de quitter Nêré. Ceux qui ont traversé le fleuve Sénégal et qui se sont installés à Dâbiya-Ôdêdji, à partir de 1830-1831, puis à Dâbiya-Hôré-fondé, Sînthiou-Mbâlo et Semmé, appartiennent à la caste des Tôrobbé.

D'ailleurs, les Thimbo ne sont classifiés Sebbé qu'à Nguidjilone et, ce, en raison de leur proximité avec ces fiers guerriers et aux unions matrimoniales qu'entretenaient les deux groupes humains. Selon la légende, les Thimbo étaient des Peuls portant le patronyme Kane et comprenant sept branches dont trois sont restées en Mauritanie. Leur dénomination actuelle fait référence à la couleur plus ou moins gris clair (thimbôdji) de la robe de leurs bovidés.

Pour les désigner, leurs voisins les appelèrent « djom thimbôdji », autrement dit « les propriétaires des vaches gris clair ». Ce qui, par altération, à la longue, est devenu Thimbo.

Les familles Gassama et Sall qui, d'ailleurs, comme des sœurs siamoises, n'en constituaient qu'une à Fatick résidaient à Peulgha dans une concordance quasi parfaite. Coumba Thimbo se mit à l'école de ses deux doyennes.

Rokhéya Sall, l'aînée des Mbégnou, est née le 8 avril 1960. Elle porte le prénom de Rokhéya Baro qui n'a pas assisté au baptême de sa filleule du fait du pèlerinage qu'elle accomplissait à La Mecque. Au même moment Macky Gassama acquit son logement situé dans le quartier Escale où il accueillit Amadou Abdoul Sall et sa famille.

CHAPITRE II

NAISSANCE ET JEUNESSE DE MACKY SALL

A. Fatick et Foundiougne : royaumes d'enfance des frères Sall

Le 11 décembre 1961, le deuxième enfant des Mbégnou vient au monde. C'est quand même phénoménal. Certes, nul n'ignore que Coumba Thimbo est en état de grossesse mais on est loin d'imaginer que sa délivrance allait se produire dans la discrétion la plus absolue. Comme à l'accoutumée, la veille, la jeune femme a vaqué à ses occupations habituelles dans les règles de l'art. Après le dîner, les membres de la grande famille se rassemblent par groupe, chacun devisant gaiement sur un sujet de son choix. Coumba se retire tranquillement dans sa chambre. De la nuit, rien de particulier n'est porté à la connaissance de la maisonnée.

Bizarrement, dans la discrétion, Coumba Thimbo est acheminée au dispensaire de Fatick où elle accouche d'un garçon. La bonne nouvelle se répand dans le quartier comme une traînée de poudre. Une semaine après, Mbégnou-père le baptise Macky en reconnaissance de toutes les faveurs que Macky Gassama, son frère et ami, lui a accordées.

Macky ou al-Makkîyou (le Mecquois), une des appellations du prophète Mohammad (psl), est aussi le prénom d'un des fils de Cheikh Oumar Foutîyou Tâl, parrain de la plupart des Foûtankôbé ainsi désignés. Ce prénom procure bonheur et prospérité à tous ceux qui le portent selon un jeune marabout que j'ai rencontré à La Mecque en 2004. Il parlait de Macky Sall.

Quelque temps après la naissance de ce dernier, son parrain obtient une nouvelle maison située près du Sine, bras de mer sur les berges duquel le village de Val-Pal Ndiaye est fondé. Amadou Abdoul dit Mbégnou est allé loger à Logandéme où il demeura jusqu'à l'entame de l'année 1967.

Dès les premières lueurs de 1962, sous l'effet des rivalités politiques entre Khâr Ndôffen Diouf et Ibou Diouf, pourtant tous les deux militants du Bloc Populaire Sénégalais (BPS), Macky Gassama (partisan d'Ibou Diouf) et tout le personnel du service de l'Agriculture font l'objet d'affectations arbitraires. On mute Gassama à Bambilôr, puis à Kaolack, avant son retour à Fatick grâce à l'intervention personnelle du président Senghor.

Également estampillé pro-Ibou, Mbégnou, son ami, est envoyé à Foundiougne aux côtés de Babacar Mbengue, chef du sous-secteur agricole de la zone et mari de Kadia Talla, petite-nièce de Macky Gassama. Il y rencontre le préfet Mamadou Hâdy Ly, originaire de Saldé-Tébégoutt (arrière-petit-fils de Tafsîr Mamadou Lamine Ly, le dernier almâmy du Foûta) et père de Saïdou Noûrou Ly, ami d'enfance de Macky Sall. Mbégnou qui baptise un de ses garçons Mamadou Hâdy, entretient d'excellents rapports avec ses collègues Sémou Diouf, Fara Ndiaye et El-Hadj Diop.

Tout comme ce dernier (père de Fara Diop, camarade de promotion de Macky du Cours d'initiation au début du Cours moyen deuxième année), Amadou Abdoul Sall est muté temporairement à Keur Mama Lamine, vers Toubacouta. Peu après, il revient à Foundiougne.

C'est à l'école Tafsîr Aliou Mor Boye (ex-école des garçons) de Foundiougne qu'il fréquente d'octobre 1968 jusqu'au début de l'année scolaire 1974-75, que Macky Sall démarre le Cours Moyen 2ème année avec, Demba Diop, de Thiâdiâye, son seul maître depuis le C.I. Par la suite, ses parents rentrent à Fatick et, pour terminer l'année scolaire, on l'inscrit à l'école Moustapha Baïdy BA (ex-école Ndouck) construite en 1927.

D'ailleurs, le 8 juin 2013, lors de la célébration de la 17ème édition de la Semaine de l'école de base, dans le cadre du retour au royaume de l'enfance, le président Macky Sall a tenu un discours plein de sens à Foundiougne :

« En franchissant les portes de cet établissement, j'ai eu le cœur empli de joie, le corps envahi par une émotion que j'ai à peine à contenir. Je vois défiler, comme aux premiers jours de ma vie d'écolier, les visages découverts de ceux qui deviendront plus tard mes amis, mes camarades de classe, mes maîtres d'école et mes compagnons des premières heures qui ont posé les jalons du citoyen que je suis devenu, grâce aux valeurs qui m'ont été inculquées et aux savoirs qui m'ont été transmis. »

Mamadou Ndiaye alias Ndiaye-Tergal, son maître du cours moyen, se souvient encore du jeune Macky, un excellent élève toujours bien habillé et qui fait rarement de fautes en dictée.

« Macky Sall est un scientifique qui était très calé en français quand il était à l'école primaire... À l'époque, on avait trois classes de CM2 et il y avait une vraie concurrence.

« Dès le mois de mai, on faisait des examens blancs et on proclamait les résultats en public. Et c'est dans cette atmosphère qu'il s'est toujours distingué... Il ne se distinguait jamais par l'indiscipline ou par des agissements incontrôlés. » déclare Ndiaye-Tergal.

Devenu président de la République, Macky Sall se rappelle : *« C'est avec beaucoup d'émotions que je me retrouve dans la cour de cette école qui m'a vu grandir, où j'ai appris les premières leçons de la vie et où j'ai préparé mon entrée en 6ème grâce au dévouement à la compétence d'un maître connu de tous, Monsieur Mamadou Ndiaye. »*

Après sa réussite au concours d'entrée en 6ème et au Certificat d'Études Primaires Élémentaires (CEPE), Macky est affecté au collège Khâr-Ndoffen Diouf abrité dans les locaux de l'ancienne succursale de la NOSOCO, près du grand marché de Fatick. Il y reste jusqu'à l'obtention du DFEM, en juillet 1979.

Son oncle, Abdoul Samba Ndiaye qui était également son professeur de mathématiques en classe de troisième, en 1978-1979, ne tarit guère d'éloges lorsqu'il parle de Macky : un brillant scientifique doué pour les maths, un garçon honnête, affable et très attaché à sa famille.

Abdoul Samba Ndiaye et Macky ont séjourné à Nguidjilone pendant les grandes vacances scolaires de 1979. Par dilettantisme, le futur mari de Marième Faye s'y est souvent rendu aux champs où il a cultivé à l'aide de la célèbre daba qui, sous le chaud soleil d'hivernage, exige qu'on courbe l'échine toute la durée de la tâche ; ce à quoi répugnent certains de ses homologues nés au Foûta. Macky confirme l'adage selon lequel on n'est un homme que lorsqu'on aura tracé un sillon dans un champ.

En 1980, Abdoul Samba Ndiaye, militant d'And-Jëf, alors parti opérant dans la clandestinité, remet à Macky Sall sa première carte d'adhésion à un parti politique. D'ailleurs c'est ce que soutient Mouhamadou-Kébé Ndiaye, professeur de Physique et Chimie et camarade de parti du néophyte.

Étant un de ses meilleurs élèves, quoique, à l'époque, plus ou moins timide, Macky y laisse l'image d'un garçon serviable, respectueux de la discipline et des bons usages scolaires. *« L'homme intelligent doit avoir de longues oreilles et une courte langue »*, dit un dicton. Macky Sall a toujours inspiré confiance et attention. Bien qu'ignorant l'école buissonnière, le chahut et la grosse tête, il n'en est pas moins courageux : *« quand il s'engage dans un combat, il va jusqu'au bout »*, dit le chef de quartier de Peulgha.

Un de ses camarades d'enfance ajoute *que « Macky a toujours été comme ça. Il est très timide, mais accessible. Il a toujours entretenu de bonnes relations avec son entourage. C'est quelqu'un qui ne recule pas. Il regarde toujours devant. »*

Dès le premier cours qu'il dispensa au CES1 de Fatick, Kébé Ndiaye forma le vœu de compter, parmi ses élèves, au moins un qui figure dans le cercle restreint des futurs décideurs de ce pays. Et c'est, en l'an 2000, qu'il acquit la certitude que le Tout Miséricordieux a exaucé sa prière dont Macky Sall serait le grand bénéficiaire.

En sa qualité de premier adjoint de son ami Abdoul Samba Ndiaye alors coordonnateur départemental d'And-Jëf, Kébé Ndiaye a largement contribué à la formation idéologique des jeunes militants de ce mouvement maoïste dont Macky s'est très tôt rapproché.

Seulement, dans ce domaine précis, il convient de préciser ceci : bien que recruté plus tard, Aliou Sall a fait preuve de plus de disponibilité que son aîné dont le cœur ne balançait que pour les études. De plus, Kébé Ndiaye a joué un rôle prépondérant dans le mariage (en février 1980) entre son ami et collègue Abdoul Samba Ndiaye et Rokhéya Sall, l'aînée des Sall.

En juillet 1979, Macky Sall, l'élève réputé calme et studieux, obtient aisément le Diplôme de Fin d'Études Moyennes (DFEM). Il fut affecté au lycée Gaston Berger de Kaolack, alors seul établissement d'enseignement secondaire polarisant les collèges du Sine-Saloum.

B. Le lycée Gaston Berger de Kaolack : une étape déterminante dans le cursus de Macky Sall

Macky Sall rejoint donc son nouveau lycée où il est orienté en classe de 2nde C. Pour que sa scolarité soit couronnée de succès, un tuteur bienveillant lui est nécessaire.

Ses conditions d'hébergement ne sont guère favorables à la quiétude que requièrent les études surtout pour un élève désireux de poursuivre une carrière scientifique. Sur recommandation de sa famille, il loue un résidu qu'il occupe jusqu'à sa réussite au Baccalauréat.

La dame Aïssata Harouna Ndiaye dont la mère était l'amie de sa grand-mère Diâra Mangâne, lui assure le couvert. Certes, tout n'est pas pour le mieux dans cette famille, mais la volonté de soutenir le potache est réelle. Macky Sall, garçon sérieux, honnête et affable, ne sollicite que cela. Rien d'autre ne l'intéresse, lui qui n'a jamais séché les cours. On le voit rarement s'occuper d'autre chose, encore moins d'amourettes. Le devenir de sa famille le préoccupe au premier chef ; aussi consacre-t-il une bonne partie de son temps à ses études.

Au lycée, tout comme à la maison, Macky passe pour un élève exemplaire tant du point de vue de sa ponctualité, de son assiduité que de sa régularité. Ainsi, comme l'affirme sa tutrice, la seule fois qu'il lui a fait peur, c'est le jour où il est venu lui dire : *« Maman Aïssatou, je vais rentrer, ce soir, à Fatick. » Comme j'étais très souvent absente de la maison, j'ai pensé que quelqu'un lui avait du mal, je lui ai demandé les raisons.*

« Il m'a expliqué, presque en pleurs, qu'il voulait rentrer parce que son ami, Moustapha Dieng (actuel président du conseil d'administration de l'Agence nationale de l'aviation civile et de la météorologie) *ne mangeait plus à sa faim et qu'il lui était insupportable de le laisser seul dans cette situation. Et comme ce dernier voulait arrêter ses études et rentrer à Fatick, lui aussi allait le suivre.*

« Je lui ai dit que son raisonnement était par trop puéril et que la solution la plus raisonnable, c'est que Moustapha vienne manger, chaque jour, à la maison. Ce qu'il est parti dire à son

ami, qui avait finalement rejoint la maison, jusqu'à sa réussite au baccalauréat.[10]»

Cette étape cruciale dans la vie de Macky Sall met en relief son haut sens des relations humaines, sa fidélité à ses amis, son attachement atavique au code d'honneur thieddo (ne jamais laisser l'ami ou le frère souffrir ou mourir seul), sa sensibilité, pour ne pas dire son émotivité, et, par-dessus tout, son engagement à vaincre toute épreuve pouvant porter préjudice à son entourage. Quitte à en pâtir !

Ses professeurs ajoutent que c'est un garçon serein, plein d'ambitions, au langage empreint de civilité, un adolescent incapable de commettre la moindre turpitude, pour ainsi dire, une force tranquille comme il l'est encore aujourd'hui. *Qui sait rester doux devient pratiquement invincible.*

Ses fréquentations sont triées sur le volet : seuls ses homologues qui adhèrent à la ligne de conduite précitée sont les bienvenus. D'ailleurs, selon la dame Aïssata Ndiaye, Macky n'avait que deux amis : Boubacar Oumar Sall, décédé en 1973, et Moustapha Dieng.

Un autre trait de son caractère, c'est sa disponibilité agissante à l'endroit de ses parents, plus particulièrement de sa mère pour le plaisir de qui il a puisé de l'eau, balayé la chambre, porté des fagots de bois et fait des courses à tout moment.

Pour ainsi dire, Macky Sall est obnubilé, non pas par les études en tant que telles, mais par la passion de réussir et le devoir de subvenir aux besoins des siens.

C'est cette courtoisie, cet amour à la fois filial et fraternel et ce souci d'être utile à son prochain, qu'il a tout bonnement apportés à Kaolack au point de débarrasser le couvert après chaque repas.

---

[10] Le quotidien *L'Observateur*, N° 3402, du lundi 26 janvier 2015, pp. 6 et 7.

« *Il ne nettoyait pas les bols, mais c'est lui qui les ramenait à la cuisine.*

« *Il n'était pas gourmand du tout, mais il adorait les aubergines, à chaque fois qu'il en manquait dans les repas, il venait s'en plaindre auprès de moi... J'ai entendu dire qu'il était émotif, coléreux. Honnêtement, il ne m'a jamais montré cela. Je sais qu'il est un peu caractériel, mais je ne l'ai jamais vu verser dans l'impolitesse ou la violence.*[11] »

Son frère Aliou Sall confirme tout le témoignage élogieux porté sur son aîné : « *Généralement, entre un frère et son aîné, les relations sont toujours heurtées. Ce sont des bagarres à n'en plus finir. Une volonté de l'aîné de marquer son ascendance sur le plus petit...*

« *Mais avec Macky, nous n'avons pas vécu tout cela. Il a toujours été un peu plus qu'un grand frère... Il était une sorte d'oncle*[12] ». C'est dire que Macky a très tôt compris que le bon cavalier n'a pas besoin de fouet.

C. L'Université de Dakar : la consécration d'une ambition légitime

Entre Foundiougne où il est inscrit au Cours d'Initiation, Fatick où il réussit à l'entrée en 6ème et au Diplôme de Fin d'Études Moyennes (DFEM), et Kaolack où, en 1982, il obtient le baccalauréat, série C, Macky Sall poursuit ses études sans anicroche. Cela lui permet de se présenter et de réussir aux tests d'entrée à l'illustre Institut des Sciences de la Terre (IST) de la Faculté des Sciences de l'Université de Dakar où il séjourne d'octobre 1982 à novembre 1988. Au campus social il occupe la chambre 168A puis celle 46H.

---

[11] Le quotidien *L'Observateur* du 26 janvier 2015, p. 7.
[12] Le quotidien *L'Observateur* N° 3398. Mercredi 21 janvier 2015, p. 6.

Loin de constituer un blocage, sa situation de famille sert plutôt de levain à son très élogieux palmarès scolaire et universitaire. Étant étudiant ne jouissant que d'une modique bourse mensuelle de 15 000 francs, il se soucie plus de ses parents que de lui-même en partageant une bonne partie de cette somme avec eux et, tant bien que mal, il s'évertue à appuyer ses jeunes frères. *« Moi-même, étant étudiant, je donnais la moitié de ma bourse à ma mère. En grandissant ainsi, on s'habitue au principe de partage.*

« L'ambition, ce n'est pas de devenir milliardaire, mais de se rendre utile, d'aider son prochain à se tirer d'embarras », rappelle Macky Sall.

Son frère Aliou témoigne : *« Macky a toujours eu de l'ambition, toujours très préoccupé par la situation de la famille. Quand on est aîné et qu'à un certain moment, le père part à la retraite, on est préoccupé, si on est un enfant consciencieux.*

"Ainsi, même quand il était étudiant, il partageait sa bourse avec la famille." Cela, il faut vraiment le lui reconnaître. Il a toujours été préoccupé par la situation de la famille... »[13]

La jeunesse (Photo 2) montre l'homme comme le matin montre le jour. Malgré la conscience aiguë qui l'anime, Macky ne se détourne pas du monde. Tout comme le commun des étudiants, il a eu des camarades avec qui il a partagé la vie de la cité universitaire avec ses joies et ses peines.

L'histoire de la **« Bande à Sandrine »**, dont le quotidien l'Enquête a fait état, prouve, s'il en est encore besoin, que, aussi grands que soient nos gouvernants, ils furent des jeunes et que rien de ce qui caractérise une jeunesse saine ne leur fut étranger, pour paraphraser Térence.

« Me Papa Leyti Ndiaye, maître de cérémonie de la séance inaugurale du 29ème congrès de la Conférence internationale des

---

[13] Le quotidien *L'Observateur* N° 3398. Mercredi 21 janvier 2015, p. 6.

barreaux (CIB) francophones, hier, a égayé le public par des blagues, piques et autres anecdotes dont il arrose les juges lors des procès.

« Mais ce qui aura le plus marqué l'assistance, c'est l'histoire d'une fille nommée Sandrine...

« À peine le chef de l'État a-t-il rejoint le pupitre pour prendre la parole que Me Ndiaye a lancé : « La bande à Sandrine s'est reconstituée ». Pris d'un fou rire, kor Marième Faye (le président Sall) a invité Maîtres Souleymane Ndêné Ndiaye et Boubacar Koïta à les rejoindre.

« Tous, la main dans la main, le chef de l'État a lancé au public : « Voici la bande à Sandrine », avant d'inviter Me Leyti Ndiaye à satisfaire la curiosité de l'assistance impatiente.

« Et l'avocat d'expliquer que Sandrine Ferrera était une jeune Cap-verdienne « très charmante » et « belle » qu'ils ont connue en 1987 alors qu'ils étaient pensionnaires au Pavillon H du campus universitaire. Le hic étant que le quatuor d'amis n'a pu résister aux charmes de Sandrine qu'ils voulaient draguer...

« On s'est dit, comme nous ne pouvions pas nous la partager et que personne n'était prêt à renoncer, alors nous nous sommes neutralisés », a narré Me Ndiaye, qui a plongé la Salle dans l'hilarité...

« Seulement, cette version était loin de satisfaire ses confrères qui l'ont accusé d'avoir censuré une partie de l'histoire. Plus tard, à la pause, certains lui ont fait remarquer que certainement un membre de la bande avait dû transgresser le code d'honneur. Qui par exemple ?[14] »

---

[14] Le quotidien *L'Enquête* du vendredi 5 décembre 2014.

Chapitre III

Quand sentiment et travail font bon ménage

A. Bonne épouse : charrue d'or

En 1991, en vue de procéder à ses premières prospections pétrolières, Macky Sall, géologue frais émoulu, se rend à Diourbel où il est accueilli par Mamadou Talla dit Thiouk's, son ami d'enfance, actuellement ministre de la Formation professionnelle et de l'Artisanat. Originaire de Sinthiou-Bamambé, région de Matam, ce dernier passe très souvent les vacances chez Macky Gassama, oncle de sa mère Haby Talla et homonyme de Macky Sall. Alors jeune professeur, Thiouk's enseigne au lycée technique Cheikh Ahmadou Bamba de la capitale du Baol.

Nés la même année, lui et Macky ont gambadé dans les rues de Fatick : de Ndiaye-Ndiaye, l'authentique sérère, aux HLM, la cité des fonctionnaires, en passant par l'Escale, centre administratif, Logandem, Peulgha et Ndouck, les quartiers cosmopolites.

À Diourbel, plus que de l'or noir, le géologue met au jour une belle perle de jais : Marième Faye, née à Mpal en 1970, jeune fille aux traits raffinés comme le chantent ses camarades de promotion.

Son père, El-Hâdj Âss Faye, un Sérère de Fatick chef comptable à l'Office National de Coopération et d'Assistance pour le Développement (ONCAD) de Kaolack, et sa mère Oumou Diallo, infirmière et Peul de Saint-Louis du Sénégal en service à Diourbel, lui ont apporté tout l'amour et toute l'éducation que, dans sa prime enfance, une jeune fille peut attendre de ses procréateurs.

Après son divorce d'Âss Faye, Oumou Diallo convole en secondes noces avec Abdourahmane Seck dit Homère, alors chef du Service régional de l'Urbanisme de Diourbel. C'est, pratiquement, ce couple harmonieux qui a couvé Marième Faye, troisième enfant d'une fratrie de sept membres.

Alors professeur d'Électrotechnique, Mamadou Talla a tenu à conduire son ami Macky chez Marième Faye dont il ne cesse de louer les nombreuses qualités. À leur arrivée, tous les parents les attendaient dans la salle de séjour. D'habitude impassible, le jeune Thieddo est comme émerveillé par cette créature qui, quoique très jeune, affiche déjà une prestance, une personnalité et un sourire hors du commun. Comme le dit un adage, la femme est le miroir de l'homme et la clé d'or que Mbégnou junior vient de découvrir semble pouvoir ouvrir toutes les portes.

Talla, les proches et les camarades de la demoiselle y adjoignent d'autres attributs : piété (elle a mémorisé tout le Coran), obligeance, altruisme, soumission, amour sincère pour ses procréateurs et pondération, d'autant, il est vrai, que le silence est le plus beau bijou d'une femme.

Sans perdre de temps, en compagnie de ses amis (Photo 4) Ousmane Masseck Ndiaye et Mamadou Talla, Macky rend une deuxième visite de courtoisie à sa future belle-famille. Visite de confirmation pourrait-on dire.

Pour faire dandy, le jeune de Peulgha, porte des têtes de nègre, chaussures au bout renflé très en vogue à l'époque. Les fiançailles sont officialisées au moment où Macky Sall se trouve hors du Sénégal et le mariage religieux est célébré le 18 septembre 1993, en présence de ses oncles et de ses amis.

Suite à sa réussite au Bac F2, alors qu'elle a obtenu une pré-inscription pour Montpellier, Marième Faye préféra s'inscrire en Génie électrique, à l'École Nationale Supérieure Universitaire de Technologie (ENSUT) devenue École Supérieure Polytechnique

(ESP) de Dakar. Son mariage avec le géologue est sa seule préoccupation. Leur vie conjugale démarre en 1994, année à laquelle, contre toute attente, Marième décide de mettre fin à ses études pour se consacrer exclusivement à son ménage.

Le 23 juin 1994, elle met au monde un garçon : Amadou Macky, un Mbégnou en herbe. Pour justifier son acte, la jeune maman soutient : « *Moi, ma mission, mon rôle, mon obsession, c'est de me mettre au service de mon mari* ».

De telles femmes sont glorifiées par Allah dans la sourate 66, verset 05 : « *... des épouses... soumises à Dieu, croyantes, dévouées, adoratrices, jeûneuses, ayant connu un mari, et même, vierges.* »

Par rapport à Marième (Photo 5), un de ses frères met l'accent sur sa forte personnalité : « *une femme forte, une dame de fer qui tient à se faire respecter ; elle aime et est la confidente de son mari ; elle lui prodigue des conseils. C'est pourquoi Macky la respecte et lui rend hommage.* »

Musulmane pratiquante, traditionaliste conséquente, parfois taquine, et, surtout, très portée vers les senteurs raffinées dont raffolent les ravissantes « djêgs » ou « driyanké » Ndar-Ndar, Marième Faye choisit d'être femme au foyer (Photo 6). Advienne que pourra !

B. À l'œuvre, on connaît l'ouvrier

En novembre 1988, au terme de six ans d'études, Macky Sall soutient honorablement un mémoire lui permettant d'obtenir le diplôme d'ingénieur géologue-géophysicien.

Le temps de concrétiser ses ambitions est enfin arrivé. C'est ainsi qu'en 1989, il atterrit à la Compagnie des Phosphates de Thiès, pour subir un stage d'un an à l'issue duquel la Société des Pétroles du Sénégal (PETROSEN) créée en mai 1981 lui donne son premier emploi.

En vue de lui offrir une formation complémentaire plus pointue, on l'envoie à l'Institut Français du Pétrole (IFP), à travers l'École Nationale Supérieure du Pétrole et des Moteurs de Rueil-Malmaison, dans la banlieue parisienne.

L'année de spécialisation passée dans cet éminent établissement post universitaire lui permet de rentrer au Sénégal, en 1993, muni d'un Certificat d'Études Spécialisées (CES) lui conférant un niveau d'études équivalant à Baccalauréat plus 7 années d'études.

Dès son retour au Sénégal, Macky Sall est nommé chef de la division Banques de données de PETROSEN, poste qu'il occupe jusqu'au mois d'avril 2000. De cette date au mois de mai 2001, il assume la fonction de directeur général de la même entreprise.

Grâce à sa carrure scientifique et professionnelle, Mbégnou-le-taciturne, un des géologues les plus compétents de notre continent, est sollicité pour honorer de son adhésion plusieurs associations nationales et internationales de géologues et géophysiciens. À grands seigneurs, peu de paroles !

CHAPITRE IV

LE PARCOURS POLITIQUE DE MACKY SALL

« *Trop de gens traversent la vie en attendant que les choses arrivent au lieu de faire en sorte qu'elles se produisent.* » Sasha Azavedo. Grâce à Dieu, Macky Sall, lui, est l'artisan de son propre destin.

A. Ses premiers pas sur le terrain politique

Avril 1981. En levant les restrictions alors en vigueur sur la formation des partis politiques du fait des quatre courants idéologiques imposés par le président Senghor, le président Abdou Diouf favorise la légalisation des partis politiques jusqu'alors dans la clandestinité. Dans une formule lapidaire, il dit : « *la mosquée est là. Appelle qui peut !* C'est en 1982, après deux ans de simple adhésion, que, effectivement, Macky Sall démarre son militantisme à And-Jëf / Reenu-Reew, parti maoïste créé dans la clandestinité en septembre 1973 et qui, dans sa profession de foi, « *affirme plonger ses racines dans les luttes ouvrières et estudiantines de mai 1968, le combat contre l'Apartheid, pour l'Unité africaine et la libération des peuples opprimés.* »

Désormais, And-Jëf (Agir ensemble en langue wolof) opère au grand jour. Mais c'est le 14 avril 1992 que ce parti, qui s'appelle désormais *And-Jëf/MRDN/ (Mouvement révolutionnaire pour la démocratie nouvelle)* est reconnu officiellement. Macky se souvient des années ô combien éducatrices qu'il a passées dans le parti de Landing Savané, au même titre que son engagement syndical qui lui a donné l'occasion de présider aux destinées du Comité exécutif de l'Amicale des étudiants de la Faculté des Sciences.

À l'élection présidentielle du 27 février 1983, Landing Savané et son parti prônent le boycott systématique des urnes. Ne partageant guère cette vision à la limite maximaliste et inopportune, Macky Sall décide de voter pour Me Wade. D'ailleurs, à ce propos, il confie : « *Je n'ai jamais cru au marxisme. Mais je dois reconnaître que ça m'a formé sur le plan politique...* »

Avec 14,79 %, Me Wade est battu par Abdou Diouf (83,45 %), le candidat du Parti socialiste. Le Mouvement Démocratique Populaire (MDP) de Mamadou Diâ (1,39 %), le Parti Populaire sénégalais (Pps) d'Oumar Wône (0,20 %) et le Parti Africain de l'Indépendance (PAI) de Majhemout Diop (0,17 %), totalement laminés, y ont fait piètre figure.

Une fois de plus, fidèle à sa ligne de conduite, à la présidentielle du 28 février 1988, Macky apporte encore son appui à Me Abdoulaye Wade qui, quoique bénéficiant du soutien de Landing Savané d'A.J/PADS et de Me Babacar Niang du Parti pour la Libération du Peuple (PLP), avec 25,80 % du suffrage exprimé, est encore battu par Abdou Diouf (73,20 %).

Pour justifier sa troisième défaite après celles de 1978 (où il a recueilli 17 %, et Senghor 82, 02 %) et de 1983, Me Wade argue de l'existence de fraudes massives. Mieux : il atteste mordicus détenir les procès-verbaux issus des bureaux de vote. Des émeutes éclatent un peu partout : Dakar, Thiès, Saint-Louis et d'autres villes de l'intérieur sont en effervescence. Me Abdoulaye Wade, Boubacar Sall surnommé le lion du Cayor, Me Ousmane Ngom, Abdoulaye Faye, Joseph Ndong, Badara Camara et Assane Diâ sont arrêtés.

Élèves et étudiants sont tabassés, martyrisés, humiliés, certains de leurs condisciples maghrébins, malmenés. Une jonction entre étudiants et élèves est venue aggraver la situation. La crise est telle qu'une grève du système scolaire et universitaire, apparemment déclenchée pour fragiliser le régime d'Abdou Diouf, aboutit irrémédiablement à une année blanche.

B. Le temps de l'accomplissement

En 1989, Macky Sall rencontre Me Wade à qui il exprime sa décision de s'engager politiquement à ses côtés. Séance tenante, il remet au Pape du Sopi un exemplaire de son mémoire de fin d'études à l'IST. Le leader charismatique de l'opposition sénégalaise d'alors, et, quasiment, chef de file des opposants ouest-africains l'accueille les bras ouverts. Pour justifier son adhésion à cette formation politique, Macky déclare : « *Wade avait été emprisonné. À sa sortie, il a lancé un appel aux cadres sénégalais que j'avais trouvé extraordinaire. J'y ai répondu.* »

À propos de son engagement politique, Macky Sall développe : « *Être dans l'opposition ou dans le pouvoir est un choix personnel. À l'époque, je me suis d'abord engagé au lycée puis à l'université. Nous revendiquions de meilleures conditions et de travail.*

« *Aussi luttions-nous contre ce que nous dénoncions comme des inégalités : meilleur accès à l'éducation et à la santé. C'est pour cela que j'ai fait partie de cette cohorte de jeunes qui s'est engagée très tôt pour lutter parfois même pour des causes lointaines...*

« *Il y a eu une prise de conscience pour non seulement lutter contre l'inacceptable et l'injustice, mais aussi créer les conditions d'un progrès social. C'est cela qui m'a conduit à militer tout naturellement dans les rangs de partis de gauche.*

« Il y a eu une période assez importante de cinq ans durant laquelle je n'étais plus militant d'un parti, mais dirigeant du mouvement étudiant en tant que président de l'Amicale des élèves ingénieurs de l'Institut des Sciences de la Terre de l'Université Cheikh Anta Diop de Dakar, puis membre du Comité exécutif de l'Amicale de la Faculté des Sciences où nous revendiquions de meilleures conditions d'étude.

« Cela, jusqu'au tout début de l'année 1989, en février, où j'ai décidé de retourner dans un parti politique pour travailler à réunir les conditions d'un changement. C'est à ce moment que j'ai adhéré au PDS...[15] »

Un mois après la concrétisation de son engagement au PDS, Macky Sall est admis dans la coordination des cadres dirigée par Cheikh Toûré. On lui confie la présidence de la Commission Énergie et Mines de cette structure. Par la suite, il fait son entrée au Secrétariat national, à l'époque instance de direction du parti.

En 1995, alors que Macky s'active dans la troisième Fédération de Dakar qui englobe Mermoz, son quartier résidentiel, Me Wade demande aux cadres et responsables du parti d'aller militer chez eux. C'est ainsi que Macky Sall est retourné à Fatick, sa ville natale, en perspective des élections locales de 1996. Il l'accepte sans façon et se voit confier le secrétariat général adjoint de la Fédération du Sine alors dirigée par le doyen Hâdy Guèye, un infirmier d'État originaire du Foûta-Tôro qui a séjourné à Saldé-Tébégoutt.

Grâce à son ouverture d'esprit et à son savoir-faire, Macky Sall s'impose comme un admirable meneur d'hommes. Dès lors, sa fulgurante ascension politique est allée de soi. En 1998, il pilote la Convention régionale de Fatick en même temps qu'il préside la Structure des cadres du PDS devenue Cellule Initiatives et

---

[15] Amy-Sarr Fall, « SEM Macky Sall, président de la République » in *Intelligences Magazine*, avril 2015, p. 30.

Stratégie (CIS), en remplacement de M. Kader Sow qui a succédé à M. Cheikh Toûré en 1996.

Pendant plus d'une décennie, le jeune Thieddo a assumé des responsabilités au sein de la structure des cadres dont neuf ans comme président de commission et deux comme celui de ladite structure. Cinq ans durant, il a occupé la fonction de secrétaire général adjoint de la fédération de Fatick et six comme secrétaire général de la Convention régionale du Sine avant la suppression de cette entité entre 2003 et 2004.

Malgré les responsabilités qu'il assume dans la structure des cadres du PDS, en dépit de sa casquette de patron d'une des dix régions politiques du pays et, nonobstant sa stature de membre de la direction du parti, en l'an 2000, alors qu'on distribue gâteaux, cadeaux et même oripeaux, Macky Sall fait contre mauvaise fortune bon cœur. Il se contente d'une promotion dans l'entreprise qui l'a embauché et où il dirige une division depuis huit ans.

Entre avril 2000 et mai 2001, cumulativement avec ses responsabilités de directeur de PETROSEN, Macky Sall est nommé conseiller spécial du président de la République chargé de l'Énergie et des Mines. De mai 2001 à novembre 2002, il occupe le poste de ministre des Mines, de l'Énergie et de l'Hydraulique.

À l'occasion des élections municipales et rurales qui se sont déroulées le 12 mai 2002, la presse rapporte que, à Fatick où il est né, où il est régulièrement inscrit sur les listes électorales donc où presque tout le monde le connaît, Macky a voté sans une des deux pièces exigées par le Code électoral. Évidemment, malgré la réprobation de l'acte, ce n'est pas un cas pouvant entacher la sincérité du scrutin. La fougue du Thieddo est sûrement passée par là.

Pour récompenser son engagement sans faille et sa fidélité exemplaire, le président Wade le nomme ministre d'État en charge des Mines, de l'Énergie et de l'Hydraulique, dans le gouvernement de Madame Mame Madiôr Boye. Il y reste de novembre 2002 à août 2003.

De cette dernière date à avril 2004, il exerce les charges de ministre d'État, ministre de l'Intérieur, des Collectivités locales et porte-parole du gouvernement Idrissa Seck. Cette fonction régalienne fait de lui, pratiquement, un vice-Premier ministre.

Eu égard à son leadership reconnu et à son sens élevé de l'État, le 21 avril 2004, Me Wade le nomme Premier ministre, poste qu'il occupe jusqu'au 19 juin 2007. Il y reste pendant trois ans, un mois et 29 jours. Aussi détient-il le record de longévité des chefs de gouvernement de la première alternance.

Lors du Discours de Politique Générale qu'il prononce le 20 octobre 2004, par la clarté de son texte, la précision et la concision des réponses apportées aux questions des députés, Macky frappe l'attention aussi bien des journalistes que des cadres de l'opposition, dont Ousmane Tanor Dieng, Amath Dansokho et le Pr Madior Diouf.

*« Concret, pragmatique, alignant faits, chiffres et dates, le chef de gouvernement a donné l'impression de maîtriser ses dossiers et d'avoir les moyens d'apporter les solutions appropriées aux problèmes des Sénégalais. Au point de susciter dans la presse, peu suspecte de complaisance envers le président Wade, de gros titres élogieux... Toujours pour éviter les erreurs du passé, le chef du gouvernement a banni le « je », invoquant **la vision du chef de l'État** tout au long des débats...*

« À la question du député socialiste, Khalifa Sall, « vous avez déclaré dans Jeune Afrique /l'intelligent que vous alliez faire réélire Wade. Comment entendez-vous vous y prendre ? Le Premier ministre a répondu : « Par le bilan, nous allons, par des

actes concrets, montrer à nos compatriotes que nous sommes porteurs d'un projet constructif et réaliste.[16] »

La déclaration que voilà contredit cette boutade d'un observateur : « *Macky, c'est sujet, verbe, complément. Rarement, sujet, verbe, compliment.* »

D'ailleurs, la meilleure éloquence, c'est la vérité et Macky l'a prouvé pendant son séjour à la Primature. En effet, restés longtemps en hibernation dans les bureaux de l'administration sénégalaise, les fameux projets du président Wade ont besoin d'être réalisés. Sans tarder, Macky les extirpe des tiroirs ; après les avoir dépoussiérés, lui et sa très dynamique équipe les mettent en œuvre. En juillet 2005, ils entament la construction de l'autoroute, en 2006, d'autres chantiers routiers et le nouvel aéroport suivent.

À cet égard, ***Macky Sall : un combat pour la République,*** le livre que lui a consacré Diène Farba Sarr, son conseiller spécial d'alors, est édifiant. À l'opposé des experts en phraséologie et des prédicateurs de circonstance, l'ingénieur géologue qu'il est, fort de l'esprit scientifique qui l'anime et le détermine, a très tôt compris que seul le travail paie et que le destin qui est attaché au cou de chaque homme appartient à celui qui sait le saisir.

Cette posture simple et réaliste aura aidé le Premier ministre Sall à mettre en pratique la vision généreuse de Me Wade. C'est dire que le pot cuit mieux sur son propre poêle.

Entre-temps, les faucons tapis au Palais et qui ont comploté contre les Premiers ministres Moustapha Niass (3 avril 2000-3 mars 2001), Mme Mame Madior Boye (3 mars 2001-4 novembre 2002) et Idrissa Seck (4 novembre 2002-21 avril 2004), accomplissent encore leur sale besogne au point de faire douter le président Wade de la sincérité et des qualités de Macky Sall, alors trop engagé dans sa mission pour voir venir sa chute.

---

[16] Jeuneafrique.com du 25/10/2004.

D'autant qu'il accorde une confiance totale à Me Wade. Les préparatifs des élections législatives et présidentielles du 25 février 2007 temporisent la séparation tant attendue par l'arrière-garde du PDS. Me Wade choisit Macky Sall pour diriger sa campagne électorale. L'homme de Ndouloumâdji-founêbé s'y engage corps et âme.

À la présidentielle, fort de son score de 55,90 %, le candidat du Sopi l'emporte dès le premier tour. Ses suivants immédiats : Idrissa Seck (14, 92 %), Ousmane Tanor Dieng (13,56 %) et Moustapha Niass (5,93 %) récoltent les suffrages les plus expressifs de toute l'opposition alors représentée par quatorze postulants.

Les fraudes tant invoquées par les adversaires de Wade semblent n'avoir pas atteint les proportions qu'on leur prête. D'ailleurs, la diffusion simultanée des résultats des votes par le Groupe Futurs Médias, au fur et à mesure de leur proclamation, et l'attitude courageuse affichée par Alioune Tîne lors de l'une des émissions « Dîné ak Jamono » de Walfadjiri axée sur cette question prouvent que, aussi paradoxale qu'elle soit, la victoire de Me Wade ne souffre d'aucune anomalie. En tout cas, pas autant qu'on le clame. À moins que, selon une plaisanterie d'un chef de parti, ce ne fût l'œuvre des djinns !

Après avoir été renvoyées en 2006 pour, dit-on, réaliser une économie de sept milliards de francs devant aider à reloger des victimes des inondations survenues en août 2005, les législatives se sont déroulées le 3 juin 2007. Deux mois auparavant, plus exactement, le 24 avril 2007, sous la bannière du Front Siggil Senegaal qui compte 35 partis, l'opposition, dont le PS et l'AFP, mène une campagne de boycott du scrutin au motif que les listes électorales et le fichier qui les sous-tend n'inspirent aucune confiance.

Dans un Appel pour un boycott actif des élections législatives du 3 juin 2007, le Front Siggil Sénégal écrit : *« Nous, partis membres du Front Siggil Sénégal, avons pris la décision de boycotter les élections législatives du 3 juin 2007. À la lumière des enseignements du scrutin du 25 février 2007 et de tout le processus qui y a abouti, le Front Siggil Sénégal a choisi cette voie en toute responsabilité et en toute connaissance de cause... »*

Seulement, d'autres formations de l'opposition décident de passer outre. Ce sont : Rassemblement pour le Socialisme et la Démocratie/ Takku defaraat Sénégal, Coalition And Defaar Sénégal, Coalition Waar wi, Rassemblement pour le Peuple, Front pour le Socialisme et la Démocratie/ Benno Jubël, Alliance pour le Progrès et la Justice/ Jëf-Jël. Mais aussi : Convergence pour le Renouveau et la Citoyenneté, Parti socialiste authentique, Union nationale patriotique/Tekki, Mouvement de la Réforme pour le Développement social, Rassemblement des Écologistes du Sénégal-Les Verts, Parti social-démocrate/ Jant-Bi, Rassemblement patriotique sénégalais/ Jammi-Reewmi du Professeur Ely Madiôdio Fall.

Les consultations tant décriées avant, pendant et après leur tenue, aboutirent aux résultats suivants : Coalition Sopi : 133 députés sur 150, Takku defaraat Sénégal de Robert Sagna : 03, And-Defaar Sénégal ak Landing Savané : 03, Coalition Waar-wi de Môdou Fada Diâgne : 03, Rassemblement pour le Peuple de Serigne Mamoune Niass : 02.

Hormis le Rassemblement patriotique sénégalais qui n'en a obtenu aucun, chacun des autres partis se retrouve avec un député. Les résultats des élections territoriales et locales de 2009, de même que ceux issus des scrutins présidentiels et législatifs de 2012, organisés quasiment avec le même fichier et dans les mêmes conditions, prouvent que Me Wade mérite bien sa victoire de 2007 dont Macky Sall a été le principal artisan.

Toutefois, en dépit de tout le travail abattu par son Premier ministre et directeur de campagne, à une question que lui a posée un journaliste sur l'existence de son successeur potentiel, sans ambages, Me Wade répond « *Je ne vois personne autour de moi.* » Macky doit donc se le tenir pour dit : le sort implacable qu'ont connu ses prédécesseurs risque de s'abattre sur lui.

Après avoir démis Macky Sall de ses fonctions de Premier ministre, le 20 juin 2007, Me Wade lui confie la direction de l'hémicycle. Seul candidat à cette station, Macky recueille 143 voix sur 146 et est, pour cinq ans, élu 9ème président de l'Assemblée nationale du Sénégal.

Entre-temps, la grande faucheuse perpétue sa sinistre mission. Ainsi, le 23 septembre 2007, Hadjâ Coumba Thimbo, mère de Macky Sall, décède à l'hôpital Principal de Dakar. Aux obsèques organisées à Fatick dès le lendemain, Me Souleymane Ndêné Ndiaye, alors ministre d'État, ministre de l'Économie maritime, des Transports maritimes, de la Pêche et de la Pisciculture, Abdou Fâl, 2ème vice-président de l'Assemblée nationale et Abdoulaye Faye, ministre d'État sans portefeuille, représentent respectivement le président de la République, l'hémicycle et le PDS.

Hadjâ Coumba Thimbo est inhumée à Fatick aux côtés de sa mère Diâra Mangâne. Me Wade interviendra plus tard pour tresser des lauriers à Macky Sall.

Pourtant, l'orage et l'échafaud ne sont pas loin, car au mois d'octobre suivant, Macky Sall commet la « maladresse » de signer la lettre de convocation de Karim Wade, président de l'Agence nationale de l'Organisation du Conseil islamique (OCI), par la commission des finances de l'Assemblée (dirigée par Mamadou Seck) à venir s'expliquer sur sa gestion devant la représentation nationale.

Quoique réglementaire, voire anodin dans les démocraties qui se respectent, cet acte est considéré par le gotha présidentiel sénégalais comme un crime de lèse-majesté, ou disons-le, comme un crime tout court. C'est ainsi que le vendredi 16 novembre 2007, le Comité directeur du PDS décide de supprimer le poste de numéro deux du parti et de réduire le mandat du président de l'Assemblée nationale de cinq à un an.

Il s'agit de sanctionner Macky Sall qui a eu l'audace de convoquer Karim Wade. Dirigeant l'État sénégalais comme sa propriété privée, le président Wade invite le « coupable » à lui rendre ce qu'il lui a confié, à savoir le poste de président de l'Assemblée nationale !

Le Thieddo refuse poliment d'y souscrire. N'en croyant pas leurs oreilles, Me Wade et ses ouailles sont plus que sidérés. Qui ose refuser de se plier aux desiderata de Gorgui[17] doit s'attendre à un ouragan de sanctions. Désormais, à l'Assemblée nationale, les jours de Macky sont comptés !

D'après un observateur de la scène politique sénégalaise, Macky n'a jamais été un homme malléable, un béni-oui-oui. Sous son apparente indolence se cache un combattant aguerri, un dur à cuire. Et il ne cessera jamais d'étonner son entourage. D'ailleurs, Me Wade qui a usé de tous les ressorts pour le faire fléchir l'aura appris à ses dépens. D'autant que Macky est plus que jamais convaincu que nul ne s'est jamais perdu sur une route droite !

Après son élévation, le 25 mars 2008, dans les jardins de l'Ambassade de France à Dakar, comme Grand Officier dans l'ordre national de la Légion d'honneur française, ses adversaires reprennent leurs attaques malveillantes. Pour eux, Macky n'est ni plus ni moins qu'un suppôt du gouvernement français. Ce qui, à leurs yeux, constitue une faute grave qu'il convient de sanctionner lourdement.

---

[17] Gorgui (cet homme-ci) : surnom affectif collé à Me Wade.

Le 27 août 2008, sa présence à Denver en qualité d'invité, à la première investiture de Barack Obama lors de la Convention du parti démocrate américain et sa réception au Palais de Luxembourg, siège du Sénat français lui valent des critiques acerbes. On l'accuse même de prendre des initiatives personnelles fractionnistes et d'être l'auteur d'actes de nature à compromettre l'image du parti et du pays.

À son encontre, humiliations, dérapages et autres formes d'accablement se produisent crescendo : entre autres, on lui retire sa garde rapprochée tout en le faisant attendre, en vain, le renouvellement de son passeport diplomatique. Plus grave, on le fouille lors d'une audience à la présidence de la République ! Certains inconditionnels du tout-puissant Wade s'ingénient à contraindre Macky à la démission. Du moins à la capitulation car c'est une véritable guerre des tranchées qui oppose les deux camps. La capacité d'endurance du « pestiféré » étonne plus d'un. Me Wade ignore qu'il a affaire à un Thieddo dont, aux côtés d'Abdoul Bôcar Kane et de Saër Maty Bâ, les aïeux ont résisté à tous les coups de boutoir.

Comme l'écrit George Marshall : « *Se battre ne suffit pas. C'est le courage qu'on met dans le combat qui en détermine l'issue. C'est le courage qui remporte la victoire.* » Loyauté, générosité et intrépidité : voilà quelques-uns des atouts de Macky Sall.

Le 22 septembre 2008, le député Sâda Ndiaye, un ressortissant de Nguidjilone tout comme la mère de Macky, dépose un amendement visant la modification de l'article 62 de la Constitution relatif au mandat du président de l'Assemblée nationale. L'objectif non déclaré est de faire réduire celui de son « neveu » à un an. C'est un secret de Polichinelle.

Le 9 novembre, le Parlement est convoqué en session extraordinaire pour y statuer. Du fait d'un vote téléguidé de la présidence de la République, Macky Sall est démis de ses fonctions par 111 voix contre 22. Le même jour, au cours d'une déclaration prononcée en wolof, pulaar, sérère et français, il annonce sa démission du PDS et, partant, de tous les postes électifs qu'il occupe par le biais de cette formation.

Un directoire politique confié à Me Alioune Badara Cissé (ABC) est mis sur pied. Le journaliste Abdoul Latif Coulibali avait la certitude que « *Macky était arrivé à un moment de sa vie où il a compris qu'il n'a plus sa place au PDS et il s'est tiré avec toutes les conséquences positives...*

« Il est conséquent avec lui-même en décidant d'abandonner toutes ses responsabilités au sein du parti. Cela aurait pu étonner qu'il reste dans le parti, qu'il s'accroche à quelque chose qui n'est plus à lui. [18] »

Quoi qu'il en soit, c'est le paroxysme d'une tension jusque-là latente entre une coterie savamment animée par un animal politique redoutable et un brillant technocrate doublé d'un militant discipliné et courageux qui a suffisamment prouvé son indépendance de pensée et d'action.

Alors leader du Mouvement Taxawu Sopi, Moustapha Diakhaté avait dit : « *La vérité, c'est qu'on a un problème de numéro un. Notre secrétaire général ne supporte pas un numéro deux, surtout quelqu'un qui lui fait de l'ombrage.* [19] »

Les difficultés vécues par Macky ont sûrement inspiré le rêve que la dame Aïssata Ndiaye affirme avoir fait sur lui : « *J'avais vu sa mère en rêve. Elle me disait : "Aïssata Ndiaye, je suis vraiment inquiète là où je suis... Je suis loin, mais je vois beaucoup de mouches autour de Macky et cela m'empêche d'être tranquille...*

---

[18] *Week-end magazine*, N° 65, 20/11/2008, p. 21.
[19] *Week-end magazine*, N° 65, 20/11/2008, p. 20.

Je veux que tu ailles voir Thierno Mamour Tâll, l'Imam de Halwar (Foûta) pour qu'il fasse des prières pour lui".

« *Le lendemain, j'ai appelé l'imam de Halwar pour lui demander de m'interpréter le rêve et il m'a dit que Macky allait avoir des problèmes à l'Assemblée nationale...*

« *Mais, il y a des prières à faire pour faire tourner les choses à son profit. Je lui ai répondu que je ne pouvais pas voir Macky. Je n'avais ni son téléphone ni celui de sa femme pour l'en informer.*

« *L'Imam a vraiment insisté pour que je conduise Macky jusqu'à Halwar, mais devant l'impossibilité d'une telle chose, il a accepté, sur mon insistance, de faire les prières.*

« *Ensuite, on a préparé de la bouillie de mil avec du lait, qu'on a servie aux enfants... J'ai rencontré Macky qui était très heureux. Nous avons beaucoup discuté et il m'a donné beaucoup d'argent.*[20] »

Alors âgé de 47 ans dont près de 28 de militantisme dans différents cadres et à différents niveaux de responsabilité : trois fois ministre, puis Premier ministre et enfin, président de l'Assemblée nationale soucieux de la nécessité absolue de la séparation des pouvoirs dans un pays démocratique, Macky Sall claque la porte et va droit vers son avenir : une marche inflexible vers le palais de la République du Sénégal, comme, du reste, l'avait prédit un charlatan qui avait révélé à son père Amadou Abdoul Sall qu'il voyait de la fumée monter de la tête de son fils, Macky.

Mbégnou-père demanda au devin ce que ce message pouvait signifier. Celui-là lui répondit en wolof « *dina doon buur* ». Autrement dit, il sera une autorité suprême : un roi ou, pour le cas d'espèce, un président de la République ! Bien sûr, loin d'être

---

[20] Papa Sambaré Ndour, « Aïssata Harouna Ndiaye, ancienne tutrice du Président et de son frère »… in *L'Observateur* du 26 janvier 2015, p. 7.

crédule, Amadou Abdoul Sall grommela quelques mots dignes d'un véritable Thieddo.

C. La longue marche vers le Palais de la République

Sans perdre du temps, dès le 1er décembre 2008, Macky Sall, Alioune Badara Cîssé, Mbaye Ndiaye, Moustapha-Cîssé Lô et leurs sympathisants créent un parti qu'ils appellent **Alliance pour la République (APR) – Yaakaar**.

Le discours que Mbégnou II a prononcé le même jour à l'Hôtel Teraanga en dit long sur les intentions, la finalité et les stratégies de son parti (Photo 7). Cette déclaration pleine d'enseignements marque le point de départ d'un parti dont l'ambition est de mettre fin à une conception très rétrograde de la politique considérée par certains comme sinécure et prébendes et non comme servitude et sacerdoce. M. Idrissa Seck ne nous démentirait pas, lui qui, le 4 avril 2006, a soutenu que, en l'an 2000, devant les 280 milliards de francs CFA légués par le régime PS, Me Wade était si éberlué qu'il aurait déclaré que, désormais, leurs soucis pécuniaires étaient derrière eux !

Dans l'exposé de Macky Sall, nous mettons en exergue quelques citations qui ont l'avantage de résumer la pensée politique de l'ancien Premier ministre :

« **La patrie avant le parti** » est le cri de ralliement de tous ceux qui, à l'image de Macky Sall, ont choisi vaille que vaille, de s'investir dans la politique autrement. La primauté de la patrie sur le parti, de l'essentiel sur l'accessoire, doit être plus un objectif à atteindre qu'un simple slogan, voire un idéal. La bonne volonté raccourcira le chemin.

« **Mon engagement tire son inspiration constante de cette valeur qui veut que notre grandeur réside dans notre décision d'être plus fort que notre condition** » indique la voie vers le divorce irréversible d'avec toutes les pesanteurs : qu'elles soient historiques, sociologiques, socioculturelles, professionnelles ou tout simplement personnelles. Il s'agit bien d'une Rupture totale.

« Je demeure convaincu que l'engagement politique peut bien s'accommoder de l'éthique, de la morale et de la loyauté... »

Ailleurs on dirait que ce vœu est un truisme. Mais, sous nos cieux où politique rime avec gabegie, concussion, affabulation, mesquinerie, tripatouillage ou, simplement, piétinement des constitutions... toutes sortes de tares auxquelles les pères fondateurs de l'APR, Macky Sall, en tête, veulent mettre fin. Se rappeler toujours que le mensonge donne des fleurs mais pas de fruits et qu'on ne cueille jamais le fruit du bonheur sur un arbre d'injustice.

Macky, qui l'a bien compris, affirme sans ambages : « *dans une démocratie digne de ce nom, la seule attitude que doit avoir l'homme, pour rester indemne face aux vibrations, aux complots et aux chantages des acteurs politiques et des mutations imprévisibles de sa société, c'est de s'agripper aux principes canoniques de la morale et du droit.* »

« *... Ayant très tôt compris qu'il n'y a rien en l'homme qui ne soit couvert par la dignité, j'ai toujours refusé tout ce qui pouvait être de nature à fragiliser la mienne. Qu'il faille me renier pour survivre. Je dis non !* » Le même credo que l'Almamy Samori Touré qui affirmait : « *Quand un homme refuse : il dit non* ».

Ceux qui connaissent le président Sall soutiennent que c'est un homme de compromis et non de compromission. Il n'a pas froid aux yeux et est capable de rejeter toute offre dont il suspecte la moralité. Ainsi, « *la dignité nous défend de forcer la porte qui se referme et la main qui se retire.* » Henri-Frédéric Amiel.

Seulement, des jours sombres s'annoncent pour Macky Sall et ses partisans qui doivent s'armer de plus de courage, d'intelligence et d'abnégation, car l'adversaire n'est nullement prêt à leur faciliter la tâche.

Première étape : le 15 janvier 2009, le ministère de l'Intérieur rejette le dossier de reconnaissance juridique de l'APR sous le prétexte que le vocable « Yaakaar » qui figure dans la dénomination du parti de l'ancien Premier ministre et qui est déjà porté par celui de M. Môr Dieng est commun à tous les Sénégalais. Toutefois, il faut admettre que « *commun n'est pas comme un.* »

Dès lors, Macky et son parti devront aller aux élections sous une autre bannière. Mais quelque dur qu'il soit, ce coup doit être considéré comme un épiphénomène par rapport au guet-apens qui les attend.

En effet, le dimanche 25 janvier 2009, alors que toute la classe politique prépare les élections territoriales et locales, Abdoulaye Sally Sall (Photo 8), un riche opérateur économique originaire de Nabâdji Siwol, émigré et responsable de l'APR au Gabon, est l'objet d'une fouille systématique dès son arrivée à l'aéroport de Yoff. Le lendemain matin, il est interpellé par la police. Le premier prétexte servi à l'opinion publique est que M. Sall détient un permis de conduire gabonais.

On l'achemine au Commissariat central de Dakar avant de le déférer au parquet où on lui ajoute un second motif : celui de convoyeur de fonds provenant d'un chef d'État africain et destinés à Macky Sall, lui aussi convoqué par la police le 27 janvier et arrêté sur dénonciation de M. Cheikh Tidiane SY, alors ministre de l'Intérieur.

Dans un communiqué lu sur les ondes de la RTS, le ministère de l'Intérieur affirme avoir « *recueilli des informations faisant état de l'existence d'un réseau de blanchiment d'argent sale impliquant Macky Sall et Abdoulaye Sall, Sénégalais résidant au*

Gabon, et un chef d'État étranger... Dans le cadre d'une enquête ouverte, les services compétents ont intercepté des correspondances avec un chef d'État africain tendant à avaliser l'idée que les fonds incriminés venaient de ce dernier... »

Le valet du diable fait plus qu'on ne lui demande. Consciente de la tortuosité de l'accusateur, l'opinion nationale et internationale sait que toute l'architecture de la charge est sujette à caution : il n'y a jamais eu de fonds incriminés trouvés chez Abdoulaye Sall, encore moins l'ombre d'un quelconque blanchiment d'argent chez Macky Sall, hormis une simple lettre adressée à un chef d'État africain.

L'état-major de l'APR riposte par un communiqué : *« Nous, militants de l'APR, disons que l'autoritarisme ne passera pas... Nous sommes face à un pouvoir aux abois, un pouvoir incapable d'apporter des réponses adéquates aux souffrances des populations, un pouvoir incapable d'arrêter la saignée causée par le départ du président Macky Sall, bref un pouvoir définitivement perdu...*

« Il importe que les démocrates s'érigent en rempart contre ces dérives antirépublicaines dont notre pays n'a nullement besoin. En vérité, cette histoire n'est qu'une vaine tentative de liquidation de l'APR et de son leader. »

À défaut de preuves évidentes contre Macky Sall et Abdoulaye Sally Sall, et surtout, du fait de la mobilisation impressionnante de l'opposition et de la Société civile, l'affaire a été purement et simplement classée sans suite.

Après cet événement pour le moins rocambolesque, les élections rurales, municipales et régionales initialement prévues le 18 mai 2008 et qui se sont effectivement déroulées le dimanche 22 mars 2009 semblent être le point de mire de l'opposition impatiente d'en découdre avec le PDS.

Le cas Karim Meïssa Wade, un des prétendants à la tête de la mairie de Dakar, dont le nom figure sur la liste de la coalition Sopi de cette ville, attire l'attention des observateurs persuadés que sa candidature n'est qu'un banc d'essai pour lui, présumé héritier désigné de son père.

Plus que de simples élections locales, le scrutin du 22 mars aura donc valeur de référendum. En dernier ressort, il s'agit de se prononcer pour ou contre le projet de dévolution patrimoniale, voire monarchique du pouvoir qu'on prête à Me Wade et que flétrissent avec véhémence l'opposition significative, la Société civile et d'authentiques militants du PDS foncièrement anti-Karim.

M. Mahmoud Saleh qui a pris place dans le train de l'APR, avertit : « *Il faut bien qu'on comprenne que le 22 mars, on vote moins pour élire un conseiller municipal, rural ou régional que pour élire un président de la République qui n'ose pas affronter le suffrage universel direct.* »

Allusion faite à la candidature de Karim Wade dont la mairie de Dakar devait servir de tremplin en vue de son accession au palais présidentiel.

Créé en 2006 par MM. Karim Meïssa Wade et Abdoulaye Baldé alors amadoués par des centaines d'intellectuels, hommes d'affaires, jeunes diplômés sans travail, le mouvement « **Génération du concret** » est appelé à servir de rampe de lancement pour l'atteinte rapide de l'objectif de Karim Wade. Ce vœu ne sera pas exaucé de sitôt car la cinglante défaite du postulant enregistrée au bureau 4 de l'école franco-arabe du Point E où il a voté est perçue comme un coup de semonce à l'encontre de la famille présidentielle.

Dans son ensemble, la presse s'interroge sur le sort de Karim Wade qui, quoique incapable de l'emporter dans son propre bureau de vote, dans son lieu de vote, dans sa commune et, à fortiori, à Dakar, la ville dont son père lui a fait miroiter la mairie, est tout de go pressenti au pinacle de l'État.

Toutefois, selon le Professeur Kalidou Diallo, ancien ministre de l'Éducation nationale, le projet de dévolution monarchique du pouvoir qu'on prête à Me Wade n'est qu'une simple vue de l'esprit, une imagination de la presse ou de certains adversaires du PDS. Kalidou rapporte une discussion que, en sa présence, Me Wade a eue avec Karim peu après les élections de 2009.

Le président Wade dit à son fils : « *Beaucoup de gens se sont plaints que la 'Génération du concret' ait gêné le PDS lors des élections, il faut donc que tu dissolves la structure.* »

Karim lui répond : « *M. le président, je dis non parce que la 'Génération du concret' est mon bébé, comme le PDS est le vôtre. Moi, je considère que le PDS et le PS, c'est la même chose du point de vue des pratiques et des hommes. Avec la Génération du Concret, je veux créer une structure qui voit la politique autrement...* »

Me Wade lui demande s'il peut réussir en politique sans le PDS et les hommes qui l'ont toujours appuyé, Karim lui répond : « *Oui, je peux réussir avec les hommes de ma génération, de ma vision, qui sont dans tous les partis ailleurs. On va se retrouver en tant que nouvelle génération...* » (Seneweb.com du 18 mars 2015. Source : *L'As Quotidien*).

Le Pr Diallo conclut que le père et le fils se sont quittés sans s'accorder sur l'essentiel.

Après la publication des résultats du scrutin, le constat est que, partout où, faute de consensus avec le BSS, la coalition Dekkalngor de Macky Sall est allée seule, elle a enregistré des résultats fort honorables. À Dakar, elle a obtenu trois sièges (47 910 voix) et s'est classée troisième devant de vieux chevaux de retour. Elle arrache 11 communautés rurales dans la région de Matam, 04 dans celle de Fatick et une à Kaolack. Avec 02,39 % de l'électorat, elle occupe le même rang au plan national sans perdre de vue qu'elle est aussi bénéficiaire du résultat global de Benno Siggil Senegaal qui réunit 586 651 voix, soit 27,81 % des suffrages.

La coalition Sopi 2009 de Me WADE enregistre 970 220 voix, soit : 48,55 % des votants et 54 % de l'ensemble des communes alors en lice. Concrètement, cette coalition perd Dakar, Pikine, Guédiawaye, Bargny, Saint-Louis, Podor, Kaolack... et moult communautés rurales. Mais elle n'est pas à genoux, loin de là.

En procédant à l'analyse de ces résultats, chacune des coteries en présence s'évertue à y trouver des motifs d'encouragement pour s'ajuster, voire se compter en vue des élections ultérieures. Néanmoins, il faut savoir raison garder car, dans les coulisses, des éléments trop zélés du PDS fourbissent des armes non conventionnelles.

Entre-temps, lancées depuis 1er juin 2008 à l'initiative du Front Siggil Senegaal, les Assises nationales du Sénégal prennent fin le 24 mai 2009. Quelque 150 acteurs de la vie politique sénégalaise dont des représentants de partis politiques, de la Société civile, de syndicats et d'organisations non gouvernementales, des organisations religieuses, professionnelles, féminines et patronales, des groupements de retraités, d'intellectuels et d'acteurs du monde de la culture, de l'éducation, des sciences et des personnalités de toutes obédiences, y ont pris part.

Ces grandes retrouvailles ont été conduites avec intelligence et sagesse par le Pr Amadou Moctar Mbow, ancien directeur général de l'UNESCO, secondé par Cheikh Hamidou Kane, homme de culture, acteur de développement et ancien ministre. Il s'agissait de *« trouver une solution consensuelle, globale efficace et durable à la grave crise multidimensionnelle (éthique, politique, économique, sociale et culturelle) qui sévit dans le pays. »*

Les Assises, auxquelles le gouvernement du président Wade n'a pas voulu participer[21], ont abouti à la rédaction d'un rapport de synthèse qui a mis l'accent sur la plupart des maux dont souffre le Sénégal. Le bilan à la fois exhaustif et sombre qui en est issu va de pair avec la Charte de la gouvernance démocratique qui, en plus d'être un repère pour les générations futures, jette les bases d'un essor durable, total et équilibré de notre pays.

En substance, la Charte fondamentale qui a été paraphée par cinq candidats (Ousmane Tanor Dieng, Moustapha Niass, Cheikh Bamba Dièye, Pr Ibrahima Fall et Pr Amsatou-Sow Sidibé) sur les quatorze retenus pour l'élection présidentielle de 2012 doit « *guider la reconstruction nationale et le renforcement de la République* ».

Après avoir émis deux réserves fondamentales : à savoir la nature parlementaire du régime prônée par le Peuple des Assises (alors qu'il milite en faveur du régime présidentiel actuel) et la question de la transition du pouvoir qu'il rejette au profit de la continuité de son mandat jusqu'à terme, le candidat Macky Sall signe la fameuse charte en édulcorant son dernier avis. À ceux qui s'indignaient qu'il ait émis des réserves, Macky rétorque que les Assises ne sont ni la Bible ni le Coran.

Au lieu des sept ans stipulés dans la Constitution, il s'engage, si le Conseil constitutionnel l'approuve, à réduire son mandat à cinq ans alors que son prédécesseur en sollicitait un troisième et que certains de ses doyens, une dizaine de chefs d'État africains sous l'effet du pouvoir que Henry Kissinger considère comme « *l'aphrodisiaque suprême* », en réclament encore plus, après plusieurs années aux commandes.

---

[21] De l'avis du régime d'alors, les « Assisards » n'ont aucune légitimité institutionnelle : les plus représentatifs d'entre eux s'étant auto-exclus du système après avoir boycotté les élections législatives de 2007.

La tenue des Assises nationales n'a guère émoussé la capacité de nuisance du PDS et de ses francs-tireurs. C'est ainsi que, dans la nuit du 18 au 19 mars 2011, M. Cheikh Tidiane Sy, ministre d'État, garde des Sceaux, ministre de la Justice, lut à la télévision une déclaration du gouvernement accusant des membres de l'opposition d'avoir « *fomenté un complot visant au renversement du régime et annonçant des arrestations* ». Thérèse Faye alors étudiante et militante de l'APR, Moustapha Ndiara Faye et Demba Seydi sont arrêtés.

Certes, d'autres partis membres de Bennoo Siggil Senegaal sont mis à l'index, mais c'est l'APR, à travers sa jeunesse estudiantine, qui est visée. La libération des incriminés, le 21 mars, prouve que la stratégie déployée par l'accusateur, encore une fois, a fait long feu. Comme quoi, le serpent peut bien changer de peau et non de nature.

Après ce tumulte, le Sénégal politique semble reprendre son souffle mais pas pour longtemps car le jeudi 23 juin suivant, l'Assemblée nationale est convoquée à l'effet de se prononcer sur un projet de réforme constitutionnelle instituant un ticket présidentiel : élection d'un président de la République et d'un vice-président.

D'après une rumeur tenace, le président Abdoulaye Wade projette de désigner son fils Karim comme son colistier et de proposer l'adoption du principe du « quart bloquant », c'est-à-dire seulement 25 % des votants pour élire valablement le ticket choisi.

Très tôt, pour s'opposer à la mascarade en préparation, une coalition hétéroclite de 60 partis d'opposition (dont l'APR de Macky Sall), tous derrière Bennoo Siggil Sénégal, une dizaine d'organisations de la société civile dont la Rencontre Africaine pour la Défense des Droits de l'Homme (RADDHO) et le mouvement « Y'en a marre (Photo 10) » créé par Simon, Thiât,

Cheikh Fâdel Barro, Malal Talla dit Fou-malade et Kilifeu, prennent l'hémicycle d'assaut.

Des milliers de personnes d'horizons divers campent royalement sur la Place Soweto qui, pour la circonstance, rappelle les jours de gloire de sa marraine d'Afrique du Sud pendant les batailles de 1896 et 1900 et, surtout, à l'heure des émeutes de 1976. Soweto, faubourg de refus, s'est illustré dans la résistance à l'apartheid.

Dans la matinée, l'Hôtel des députés situé non loin du marché Sandaga est vandalisé. Tout le matériel est dévoré par le feu. Dans le troupeau uni, le loup n'est pas à craindre. On se croirait en mai 1968 !

Étudiants, élèves et simples badauds affrontent courageusement les forces de l'ordre : des pierres lancées par des personnes de tout âge et de tout acabit dont un éminent responsable politique, des grenades lacrymogènes qui explosent çà et là, le char arrosant la foule d'eau bouillante : une véritable violence aveugle s'abat sur la Place Soweto…

Des hommes de tenue sont claustrés dans une position inconfortable : leurs têtes cassées, leurs visages et d'autres parties de leurs corps enflés, voire ensanglantés. Aux alentours de l'Assemblée, slogans et quolibets fusent de tous côtés. Les plus utilisés sont « Y'en a marre », « députés traîtres et corrompus », « Wade dégage ».

Ce jour-là, l'adage selon lequel « les hommes bêtes ne sont ni labourés ni semés, ils surgissent d'eux-mêmes » trouve son champ d'application, lorsque, sortis d'on ne sait où, des militants du PDS et leurs sbires narguent effrontément les manifestants puis agressent sauvagement Alioune Tîne – un des principaux responsables de cette journée historique – et ses compagnons.

Toujours repliés dans l'hémicycle et totalement dépassés par la tournure insoupçonnée que les événements semblent prendre, certains députés trépignent de colère, la peur au ventre. Les plus âgés d'entre eux se souviennent sûrement de la motion de censure déposée le 14 décembre 1962 par le député Théophile James et qui, le 17 décembre, aboutit à la liquidation politique de Mamadou Dia alors président du Conseil du gouvernement du Sénégal et ses partisans. À chaque cour son traître.

Conscients de la détermination des « insurgés » à aller jusqu'au bout de leur dessein, vers 18 heures, les pouvoirs publics retirent purement et simplement le texte en question. C'est encore le ministre Cheikh Tidiane Sy, en sa qualité de garde des Sceaux, qui annonce la reculade de Me Wade.

Ainsi, le test du M23 connaît une réussite inespérée. Une épée courte devient longue dans la main des vaillants. C'est une victoire historique, décisive, qui est issue de ce bras de fer. C'en est également un signal fort pour les gouvernants.

Le témoignage de Me El-Hâdj Diouf, le Danton[22] de cette journée tumultueuse, est tout simplement poignant : « *C'était un projet dangereux pour le pays. J'ai pris la parole cinq fois. J'ai exploré ce jour-là tous les arguments à la fois politiques et juridiques pour amener les porteurs de ce projet à reculer. Une loi qui devait engager toute la nation devait faire l'objet d'une large concertation.*

« *J'ai usé de tous les articles du règlement intérieur de l'Assemblée nationale pour faire échouer ce projet qui prévoyait de faire élire un président avec 25,01 %, ça allait être une catastrophe. Ce projet de loi nous a permis d'éviter le pire. Parce*

---

[22] Danton Georges Jacques (1759-1794), une des figures emblématiques de la Révolution française. Après le 10 août 1792, il devint chef du gouvernement insurrectionnel ; c'était un orateur puissant et impétueux. Il est mort guillotiné le 5 avril 1794.

que, si les députés avaient voté cette loi, ils seraient, ce jour-là égorgés. On allait les brûler vifs... Ce jour, les députés m'ont demandé de les aider à sortir de l'enceinte de l'hémicycle.

« En dehors d'être l'homme du 23 juin, j'étais le Balla Gaye[23] du 23 juin au sein de l'hémicycle.[24] » Comme pour envoyer le bouchon un plus loin, les hommes du 23 juin, partisans d'une révolution citoyenne, exigent :

- le départ du président Wade au terme de ses deux mandats ;
- la mise sur pied d'un organisme neutre chargé de gérer tout le processus électoral ;
- la nomination, aux ministères de souveraineté de l'Intérieur et de la Justice, de personnes sans aucune coloration politique ;
- le départ immédiat du gouvernement de Karim Wade qui y occupait quatre portefeuilles ministériels, d'où son surnom de ministre du Ciel et de la Terre.
- la neutralité absolue dans les médias d'État.

En dépit de cet intermède néfaste, la marche vers les élections présidentielles et législatives s'accélère. Le samedi 10 décembre 2011, sur l'esplanade de Diamalâye, place bénie des Lâyênes, devant plus de cent mille militants venus de toutes les régions du Sénégal et même de la diaspora, se tient le Congrès constitutif de l'APR qui se mue en convention d'investiture du candidat Macky Sall à l'élection présidentielle de 2012. Vingt-sept partis constituant la coalition Macky 2012 et soutenant l'APR symbolisent la force de frappe du candidat Macky Sall dont « Yoonu Yokkute » est le programme.

---

[23] Balla Gaye, de son véritable nom Oumar Sakho, est un grand lutteur sénégalais.
[24] SeneNews.com du 22 juin 2013.

Selon eux, l'objectif principal de leur programme est d'instaurer les conditions du véritable développement de notre pays en hissant le niveau du PIB par habitant dans la moyenne mondiale et en améliorant le bien-être des populations (santé et longévité, éducation et niveau de vie décent). « *Notre objectif est d'amener l'indice composite traduisant ce bien-être (IDH) au Sénégal de 0,459 en 2011 à 0,75 au moins à l'horizon 2035-2040 soit le niveau des pays à IDH élevé* ».

Les dés sont jetés : sauf imprévu, Mbégnou va affronter Me Wade. Ce sera, pour l'ancien maire de Fatick, l'occasion de démontrer qu'« *il n'y a pas de gros ou de petits serpents, il y a des serpents. Tout court.* »

Suite à la révolte du 23 juin, à l'appel de l'opposition et de la Société civile regroupées au sein du M23, des milliers de personnes se retrouvent dans l'après-midi du 1er février 2012 sur la Place mythique de l'Obélisque. Elles veulent exiger le retrait de la présidentielle de 2012, de Me Abdoulaye Wade, chef d'État sortant, dont la validité de la candidature est confirmée le 29 janvier par le Conseil constitutionnel. Vers 20 h 30, alors que la manifestation vient de prendre fin et que les protestataires commencent à vider les lieux, des individus, échappant à la vigilance des organisateurs, se mettent à brûler des pneus et à jeter des pierres.

Exaspérées par ce début d'agitation, les forces de l'ordre chargent violemment les récalcitrants. C'est ainsi que, filant à grande vitesse, le camion « Dragon » de la police transportant de l'eau chaude fonce sur eux, faillit renverser M. Ousmane Tanor Dieng, et, sur son passage, fauche mortellement Mamadou Diop âgé de 32 ans, marié et père de deux fillettes.

Jusqu'alors engagé comme chargé d'enseignement dans un collège de la banlieue de Dakar, le défunt s'est également inscrit en Master à l'UCAD. Sa piété est connue de tous. D'ailleurs, le vendredi 27 janvier, il a procédé à l'appel à la prière sur la même place.

Le Rapport final produit par la Mission d'Observation électorale de l'Union européenne, nous apprend que « *les manifestations violentes menées avant le premier tour se sont soldées par la mort d'au moins six personnes, plusieurs blessés et par une série d'arrestations.* » La presse rapporte que les affrontements se sont soldés par des morts dont le nombre se situe entre six et quinze.

À elle seule, la Croix-Rouge sénégalaise a pris en charge 153 blessés. Parmi les victimes, il convient de citer Fôdé Ndiaye, un policier âgé de vingt ans, sauvagement lapidé à Colobane, le 27 janvier 2012, lors des échauffourées qui ont éclaté à Dakar après la validation de la candidature de Me Wade.

D'ailleurs, le 17 février suivant, pour arriver à bout des manifestants dont les rangs et l'ampleur semblent les inquiéter, alors terriblement attaquées dans leurs derniers retranchements, les forces de sécurité lancent des grenades lacrymogènes dans la Zawiya Seydî El-Hâdj Mâlick Sy, un lieu de culte situé au quartier Plateau de Dakar. Ce sacrilège a failli coûter la vie à Me Ousmane Ngom, ministre de l'Intérieur, pourtant très proche de la communauté tidiâne qui dénonce la « profanation » de sa mosquée par le régime Wade. Malgré les interventions d'El-Hâdj Abdoul Azîz Sy al-Âmin, frère et porte-parole du calife des Tidianes, Me Ngom, parti présenter les excuses de l'État à la Hiérarchie religieuse de Tivaouane, a été hué et conspué par les jeunes de cette ville. Il n'a dû son salut qu'à l'intervention habile des forces de l'ordre qui l'ont cerné et exfiltré par une porte dérobée.

Le 20 février, les candidats Cheikh Bamba Dièye, Djibril Ngom, Idrissa Seck et les partisans de Moustapha Niass sont malmenés par la police dont la mission est de réprimer toute manifestation hostile au candidat Wade.

Tout est fait pour canaliser les candidats de l'opposition à Dakar afin de permettre à celui du Sopi d'avoir les coudées plus franches dans les régions. En dépit des récriminations et manifestations de l'opposition et de la Société civile, la campagne électorale du premier tour démarre le 5 mars 2012.

Conscients que l'affrontement doit se produire plutôt dans les urnes qu'à la Place de l'Obélisque et à celle de l'Indépendance devenues les murs de lamentations d'une partie de la classe politique sénégalaise, Macky Sall et son État-major décident de prendre leur responsabilité en s'éloignant de Dakar. Ils entreprennent une tournée qui les a menés dans toutes les régions du Sénégal.

Leurs doyens Ousmane Tanor Dieng et Moustapha Niass leur emboîteront le pas tandis que, au lieu d'aller en campagne, tantôt trois tantôt quatre candidats s'évertuent chaque soir à squatter l'ancienne Place Protêt, en souhaitant ardemment que le vent de la révolte fasse enfin ployer Me Wade. Peine perdue !

De son côté, très friand, voire très nostalgique des marches bleues qu'il a organisées en l'an 2000 et qui ont grandement contribué au triomphe de son candidat d'alors, M. Idrissa Seck s'engage tardivement dans la course en se baladant dans Thiès et environ.

C'est dans ces moments de tension extrême que, en vue d'observer le scrutin, une mission de l'Union africaine conduite par M. Olusegun Obasanjo, ancien président de la République fédérale du Nigéria, débarque à Dakar le mardi 21 février. Dès son arrivée, l'observateur en chef rend visite aux différents candidats de l'opposition qui, sous la houlette du M23, tombent d'accord sur le report des élections de six à neuf mois. Mais, à la seule et unique condition que Me Wade n'y prenne pas part.

Toutefois, afin de pouvoir parachever ses fameux projets, ce dernier sollicite instamment un troisième mandat de sept ans qu'il promet d'abréger au terme de la deuxième ou troisième année.

« Tout leurre est bon qui amène l'oiseau dans le filet. » Dans sa majorité écrasante, l'opposition rejette cette proposition. Pour parer aux troubles dont on ne peut déterminer l'issue, au cours d'une émission spéciale animée par des journalistes de la Radio Futurs Médias, certains membres de la Société civile semblent prêter une oreille attentive à la dernière proposition du candidat Wade.

Malgré tout, le premier tour de l'élection présidentielle au cours duquel s'affrontent quatorze candidats se déroule le dimanche 26 février 2012. En dehors du phénomène d'achat de conscience dont les partis s'accusent mutuellement et du chahut qui a accueilli le candidat Wade à son centre de vote, tout s'est passé paisiblement.

Les tableaux ci-après mettent en relief les résultats approuvés par le Conseil constitutionnel.

Premier tour – Le 26 février 2012			
Rubrique	**Nombre**	**% des inscrits**	**% des votants**
Inscrits	5 302 349		
Votants	2 735 136	51, 58 %	
Suffrages exprimés	2 706 789		98, 96 %
Bulletins nuls	28 346		1,04 %
Abstentions	2 568 149	48,42 %	

Candidat / Parti politique	**Voix**	**% exprimés**
Abdoulaye Wade – PDS	942 327	34,81 %
Macky Sall – APR	719 367	26,58 %
Moustapha Niasse – AFP	357 330	13,20 %
Ousmane T. Dieng – PS	305 924	11,30 %
Idrissa Seck – Rewmi	212 853	7,86 %

Dès lors, avec 34,81 %, Me Abdoulaye Wade, le président sortant, et Macky Sall, son ancien Premier ministre (26,58 %), les deux derniers candidats peuvent s'affronter.

Apparemment, la campagne électorale qui s'annonce pourrait n'être qu'une promenade de santé pour l'ancien édile de Fatick dans la mesure où les autres candidats avaient tous déclaré qu'ils soutiendraient quiconque ferait face à Me Wade au second tour. Cette volonté d'éjecter le « propriétaire du PDS » hors du pouvoir est raffermie par la création, dès le samedi 10 mars 2012, de Bennoo Bokk Yaakaar ou Rassemblement des Forces du Changement et de l'Espoir.

Le document qui matérialise cette coalition est signé par chacun des douze candidats malheureux du premier tour qui promettent tous de battre campagne pour Macky Sall que, pourtant, certains d'entre eux ont égratigné et inconsidérément voulu traîner dans la boue lors de l'étape de la Place de l'Indépendance.

Toutefois, eu égard aux capacités manœuvrières de Me Wade, à sa grande audience dans le milieu mouride et aux relations privilégiées qu'il entretient avec certaines familles qui reçoivent régulièrement ses subsides en nature (produits vivriers), en espèces sonnantes et trébuchantes et en titres de voyage (passe-ports diplomatiques et billets pour le pèlerinage aux lieux saints musulmans et chrétiens), Macky Sall doit se garder de dormir sur ses lauriers.

À ce moment décisif du processus électoral, pesant 7,86 % au premier tour contre 14, 92 % à la présidentielle de 2007, l'ancien Premier ministre Idrissa Seck semble être l'homme politique le plus courtisé par le père du Sopi.

En plus du poste de vice-président du gouvernement qu'il lui promet, Me Wade affirme également lui réserver les rênes du PDS au terme d'un mandat qu'il promet d'écourter s'il est élu. Mais, chat échaudé craint l'eau froide.

L'ancien maire de Thiès connaît bien Me Abdoulaye Wade, celui-là même qui a combattu et congédié brutalement du premier gouvernement post-PS son Premier ministre Moustapha Niass, président de l'Alliance des Forces de Progrès (AFP) et ses partisans, quelque onze mois seulement après leur prise de fonction. Et nul n'ignore que n'eussent été leur apport personnel indispensable, leur entregent efficace et efficient et le vote massif de leurs militants et alliés (16,77 %, des suffrages exprimés au premier tour de l'an 2000), le vainqueur d'Abdou Diouf n'aurait jamais humé les effluves du Palais.

Le scrutin du second tour se prépare dans des conditions d'épouvante générale. La presse nationale et étrangère prévoit le pire.

On parle de la constitution de milices prêtes à provoquer le chaos dans ce pays où on palabre plus qu'on ne travaille. Ici et là on signale, sans nullement les exhiber, des restes de cadavres humains intentionnellement mutilés.

On évoque le sacrifice d'albinos et l'enlèvement d'enfants dont, plus tard, Me Wade imputera la responsabilité à un de ses anciens affidés dont le seul tort est de lui avoir tourné le dos (?) peu après les élections.

Le ralliement de Cheikh Bêthio Thioune à la cause du Sopi donne des sueurs froides à tous ceux qui ont remarqué l'époustouflante démonstration de force de ses Thiantacounes[25] à la Place de l'Obélisque. Leur slogan guerrier : « qui s'y frotte s'y pique » ajoute à la forte tension.

Dieu merci, contre toute attente, la journée du 25 mars a été relativement calme. Hormis certains de ses militants surexcités, le PDS a semblé jouer le jeu de la démocratie. Toutefois, canards boiteux et brebis galeuses se sont encore fait remarquer par leurs agissements insolites, évidemment fort compréhensibles de la part de personnes angoissées par le risque d'être brusquement sevrées (outre du trafic d'influence dont elles usaient et abusaient à l'envi) mais surtout de leurs privilèges immérités, notamment des voitures rutilantes et de somptueuses villas sises dans les quartiers les plus huppés de Dakar.

Ces anciens subalternes dépourvus de la moindre compétence, sinon la bouche folle et le goût de la violence, sont prêts à tout.

---

[25] Disciples de Cheikh Béthio qui tirent leur nom de la glorification (*thiant*) de leur guide, Serigne Saliou Mbacké, 5ème calife des Mourides.

Fort heureusement, à équidistance des partis politiques, les forces de l'ordre veillent au grain. C'est tout de même surprenant de la part d'un gouvernement auquel on prêtait les intentions les plus saugrenues.

Dès la fermeture des bureaux de vote, à 18 heures pour la plupart des centres, les résultats commencent à tomber.

C'est d'abord la diaspora qui annonce les couleurs. Sauf dans une minorité de pays, le candidat Macky Sall l'emporte avec un écart confortable (63 830 voix, 72,79 %, contre 23 886 voix, 27,21 % pour Me Wade.)

La soirée électorale animée par les radios et les télévisions de la place se poursuit jusqu'à 21 h 30, moment choisi par Me Wade, le stratège imprévisible, pour annoncer sa défaite et reconnaître la victoire de Macky Sall qu'il appelle au téléphone dans une familiarité sympathique : « *Les choses se précisent, tu vas gagner, je te félicite.* »

Quelle grandeur ! Féliciter son vainqueur est l'une des rares promesses tenues par Me Wade, à ce moment historique du Sénégal. Macky, l'élève qui surclasse son soi-disant professeur, lui répond agréablement : « *Je vous remercie* » tout en lui présentant ses respects.

Par la suite, dans un discours adressé au peuple sénégalais, Me Wade déclare : « *Mes chers compatriotes, les résultats en cours indiquent que M. Macky Sall a remporté la victoire. Comme je l'avais toujours promis, je l'ai donc appelé dès la soirée du 25 mars au téléphone pour le féliciter.* » Alors, les Sénégalais commencent à respirer à pleins poumons : la violente tempête tant évoquée au cours des derniers mois s'est subitement transformée en une brise très fraîche.

Le 27 mars, la Commission nationale de recensement des votes publie les résultats officiels du scrutin présidentiel. Macky Sall est placé largement en tête avec 65,80 % des voix contre 34, 20 % pour Me Wade, le président sortant. Le vendredi 30 mars, le Conseil constitutionnel confirme les mêmes résultats.

Le candidat Macky obtient 1 909 244 voix sur les 2.901 800 suffrages valables alors que Me Abdoulaye Wade récolte 992 556 votants.

Pour sacrifier à la traditionnelle passation de pouvoir, dans une atmosphère quasi familiale, le 2 avril, le président Wade, son épouse Viviane Vert et leur fils Karim Meïssa, rencontrent Macky Sall et son épouse, Marième Faye, au palais de la République. Les prières que l'ancien maître des lieux a formées pour la réussite de son successeur prouvent que la démocratie sénégalaise n'a rien à envier à celle des pays occidentaux. D'ailleurs, par-delà nos divergences, somme toute, conjoncturelles, nous trouvons toujours des plages de convergence, des moments de convivialité (cérémonies de mariages, baptêmes, funérailles) que nous partageons avec nos adversaires d'hier.

Ainsi, tout est bien qui finit bien.

Les élections législatives tenues le 1er juillet 2012 donnent à l'alliance Bennoo Bokk Yaakaar 119 députés sur 150. Le PDS en engrange 12, Bokk Gis Gis 04, Bës du Niakk 04, PVD 02, MRDS 02… Dès lors, on peut espérer que toutes les conditions sont remplies pour permettre à Monsieur Macky Amadoul Sall de présider aux destinées du Sénégal dans la quiétude la plus absolue.

Chapitre V

Mars 2012 – mars 2015 :
Le Sénégal cherche son chemin dans un environnement peu propice à l'essor

Entre le 25 mars 2012 et le 25 mars 2015, malgré les difficultés dont il a hérité et auxquelles s'ajoutent l'exubérance des revendications syndicales, le ressentiment d'une opposition qui, pour un rien, rue dans les brancards, un environnement mondial peu propice à un essor économique et social viable, des foyers scolaire, universitaire et sanitaire en perpétuelle ébullition, le président Macky Sall et son équipe sont parvenus, selon l'heureuse expression du Dr Bara Diop, « *à replacer à l'endroit un pays trouvé à l'envers le 25 mars 2012* ».

Très conscient de l'impatience des Sénégalais, le nouvel élu sait qu'on ne lui accorde aucun délai de grâce d'autant que nul ne perd de vue que, compte tenu de son itinéraire politique, il est en terrain connu.

Dans le cadre du Yoonu Yokkuté, le Chemin du véritable développement, dont il a fait son thème de campagne, Macky Sall promet une gouvernance sobre et vertueuse.

Avant même l'application effective de sa feuille de route, conscient que les programmes économiques trouvés sur place et qui ont pour finalité de lutter pour la réduction de la pauvreté ne lui permettaient guère d'engager la bataille pour l'Émergence économique de notre pays, le nouveau président fit appel à un groupe de cadres et d'experts de la diaspora et de hauts fonctionnaires nationaux pour définir la Nouvelle politique économique du pays baptisée « **Plan stratégique Sénégal Émergent** » (PSE) que le gouvernement sénégalais et ses partenaires au développement adoptent dès novembre 2012.

A. Le Plan Sénégal Émergent (PSE) : une vision holistique pour l'émergence et le développement

1. Qu'est-ce que le PSE ?

Le PSE (Plan Sénégal Émergent) est un ambitieux programme de développement économique et humain. Il intègre un PAP (Plan d'Actions Prioritaires 2014-2018) et fait appel au PPP (Partenariat Public Privé).

Il concerne tous les secteurs de la vie politique, économique et sociale, à commencer par les institutions, la paix, la stabilité et la démocratie, la bonne gouvernance et l'aménagement dynamique et équilibré des territoires.

Tous les secteurs d'activités sont concernés, à savoir : l'agriculture, l'élevage, la pêche, l'énergie, les infrastructures, le tourisme, les secteurs logistiques, industriels et de services, l'enseignement primaire, secondaire et supérieur, la formation, l'emploi, la santé…

Stratégie de développement dans toutes les directions et par tous les moyens, le PSE a pour Horizon 2035 et vise à réaliser d'ici à 2023, un ensemble de projets structurants à fort contenu de valeur ajoutée et d'emplois.

Ainsi, en 2035 la société sénégalaise devrait être caractérisée par une économie compétitive soutenue par une croissance forte, aux fruits mieux répartis sur l'ensemble du territoire ; une population instruite, bien formée et engagée au niveau des communautés locales et nationales… autrement dit, une meilleure qualité de vie…

À travers le PSE, l'ambition de l'État du Sénégal est de favoriser une croissance économique à fort impact sur le développement humain. Pour ce faire, il s'agira de consolider les acquis, notamment en matière de gouvernance démocratique, et de recentrer les priorités dans la perspective de garantir durablement la stabilité économique, politique et sociale.

La réalisation de cette ambition repose sur la mise en œuvre d'un important programme d'investissements dans les secteurs porteurs, à même d'impulser une dynamique de croissance forte et soutenue. « *Ce Plan étalé sur 20 ans est le vôtre car vous constituez la force vitale et l'espoir de notre pays, donc je vous invite à vous l'approprier (...), car il ne peut y avoir d'émergence sans amour de la patrie.*

« Je ne le sais que trop : si l'ensemble de ce plan est parfaitement clair pour moi et pour les spécialistes macro-économistes, il demande encore à être bien compris par chacun d'entre nous, car ce PSE a été conçu et réussira, pour vous, par vous et avec vous ». Macky Sall.

2. Le PSE : essai de résumé

Depuis plus de cinq décennies, le Sénégal connaît des taux de croissance économique proches du croît démographique. Ces contreperformances n'ont pas permis une réduction durable de la pauvreté. Dans l'ensemble, la baisse de l'incidence de la pauvreté s'est avérée particulièrement faible en milieu rural.

Cette situation contraste avec les objectifs affichés dans les documents de politique économique et sociale jusqu'ici adoptés. Seule la décennie 1995-2005 a permis de maintenir l'économie sénégalaise sur une bonne trajectoire de croissance qui a valorisé le revenu par tête.

Depuis 2006, le sentier de croissance s'est infléchi avec l'essoufflement des moteurs traditionnels (BTP, télécommunications, services financiers), le faible dynamisme du secteur privé, la forte progression des dépenses publiques et la persistance du déficit du compte courant de la balance des paiements (7,9 % du PIB).

Avec près de 14 millions d'habitants en 2014, le Sénégal connaît encore une forte dynamique de croissance démographique (2,7 %) même s'il a entamé sa transition démographique. La population à dominante jeune est confrontée aux possibilités limitées d'accès aux services sociaux de base et d'insertion dans le marché du travail.

La question de l'emploi demeure actuellement la priorité des ménages et des politiques publiques. La perspective d'atteindre les Objectifs du Millénaire pour le Développement (OMD) à l'horizon 2015 s'éloigne de plus en plus, notamment en matière de réduction de la pauvreté, de baisse de la mortalité maternelle et infantile, d'amélioration du taux d'achèvement du cycle élémentaire et d'accès à l'assainissement.

De même, la politique d'aménagement du territoire appliquée jusque-là s'est avérée inappropriée au regard de l'inégale répartition spatio-temporelle des populations, des activités économiques, des infrastructures et des équipements, entraînant ainsi une macrocéphalie de la région de Dakar et une concentration de l'essentiel des activités sur la frange ouest et le centre du pays.

La faiblesse de la croissance du PIB est expliquée en partie par les niveaux insuffisants de productivité, ceux des infrastructures de soutien à la production, les difficultés d'accès aux facteurs de production (eau, intrants de qualité), la vulnérabilité de l'agriculture face aux aléas climatiques, la faible structuration des chaînes de valeur agro-pastorales, les problèmes d'accès au foncier et à des financements adaptés, et des problèmes de gouvernance.

La morosité de l'économie est également imputable aux retards dans la mise en œuvre des réformes dans les secteurs de l'énergie et de l'environnement des affaires, l'insuffisante capacité d'impulsion de l'État et des problèmes d'efficacité de la dépense publique ainsi que la résistance de certains acteurs au changement.

Le Sénégal a décidé d'adopter un nouveau modèle de développement pour accélérer sa marche vers l'émergence. Cette stratégie, dénommée Plan Sénégal Émergent (PSE), constitue le référentiel de la politique économique et sociale sur le moyen et le long terme.

Le Gouvernement engagera, à cet effet, les ruptures qui permettront d'inscrire le Sénégal sur une nouvelle trajectoire de développement et qui se traduiront par des actions hardies à même de relever durablement le potentiel de croissance, stimuler la créativité et l'initiative privée afin de satisfaire la forte aspiration des populations à un mieux-être, laquelle se décline en une vision qui est celle d'« Un Sénégal émergent en 2035 avec une société solidaire dans un État de droit ». Les orientations stratégiques qui guideront les initiatives à prendre pour traduire cette vision en actions et résultats tangibles pour le bénéfice des populations, s'appuient sur trois axes visant :

Une transformation structurelle de l'économie à travers la consolidation des moteurs actuels de la croissance et le développement de nouveaux secteurs créateurs de richesses, d'emplois, d'inclusion sociale et à forte capacité d'exportation et d'attraction d'investissements.

Cet axe s'inscrit dans une option de développement plus équilibré de promotion de terroirs et des pôles économiques viables afin de stimuler le potentiel de développement sur l'ensemble du territoire ; une amélioration significative des conditions de vie des populations, une lutte plus soutenue contre les inégalités sociales tout en préservant la base de ressources et en favorisant l'émergence de territoires viables ; le renforcement de la sécurité, de la stabilité et de la gouvernance, de la protection des droits et libertés et de la consolidation de l'État de droit afin de créer les meilleures conditions d'une paix sociale et de favoriser le plein épanouissement des potentialités. Les trois axes de la Stratégie que voilà permettront, par leurs synergies et leurs effets convergents et cumulatifs, de créer les conditions de l'émergence.

Pour atteindre les objectifs du PSE, il est impératif de réunir les conditions préalables ou les fondements de l'émergence, liés au règlement de la question vitale de l'énergie, à la mise en place d'infrastructures de dernière génération pour le soutien à la production, à l'amélioration de l'environnement des affaires, au renforcement du capital humain ainsi qu'à la satisfaction des besoins de financement de l'économie.

La réussite du PSE exige de fortes capacités d'impulsion de l'État et un leadership affirmé. Le Gouvernement engagera, à cet effet, un programme accéléré de réformes pour la modernisation de l'Administration publique pour l'adapter aux exigences de performance induites par la Stratégie.

Des réformes clés ont été menées et continuent de l'être pour améliorer substantiellement l'environnement des affaires. Elles portent, en particulier, sur l'automatisation des procédures administratives, la mise en place d'un dispositif fiscal et juridique incitatif et simplifié, l'amélioration de la compétitivité des facteurs de production et la promotion de l'investissement à fort impact.

Ces réformes sont accompagnées par une diplomatie économique proactive, un approfondissement de l'intégration pour renforcer la stabilité régionale et saisir les opportunités offertes par les marchés extérieurs. Le Gouvernement favorisera une plus forte implication des Sénégalais de la diaspora dans les efforts de développement national.

L'administration publique internalisera à tous les niveaux la culture de la transparence et l'obligation de rendre compte de la gestion axée sur les résultats, à travers la mise en place de structures de planification et de suivi-évaluation, le renforcement des capacités des personnels, l'appropriation des politiques par toutes les couches de la société et l'exercice d'un contrôle citoyen.

Le PSE est réalisé à travers un Plan d'Actions prioritaires (PAP) quinquennal adossé aux axes stratégiques, aux objectifs sectoriels et aux lignes d'actions de la Stratégie.

Le PAP se décline à travers des projets et programmes de développement inscrits dans un cadre budgétaire sur la période 2014-2018.

Le PAP est construit sur la base du scénario optimiste du PSE qui est évalué à 9685,7 milliards de FCFA. Son financement est acquis pour 5737,6 milliards de FCFA, soit 59,2 % tandis que le gap de financement à rechercher est de 2964 milliards de FCFA, soit 30,6 % et celui à couvrir par des recettes additionnelles et des économies sur les dépenses est de 984 milliards de FCFA, correspondant à 10,2 %.

La mise en œuvre diligente des réformes clés et des projets du PAP permettra d'atteindre un taux de croissance annuel moyen de 7,1 % sur la période 2014-2018, de réduire le déficit budgétaire de 5,4 % en 2013 à 3,9 % en 2018.

Le déficit du compte courant serait ramené sous la barre des 6 % en 2018 et le taux de l'inflation, mesuré par le déflateur du PIB resterait en dessous du seuil communautaire fixé à 3 %.

Le cadre institutionnel permettant la mise en œuvre du PSE comprend : un Comité d'Orientation Stratégique (COS), placé sous l'autorité du président de la République, un Comité de Pilotage (COP) présidé par le Premier ministre, un Bureau

Opérationnel de Suivi du Plan Sénégal Émergent (BOSSE) ainsi que des structures d'exécution.

Pour la réussite du PSE, les principaux facteurs à risques concernent l'instabilité institutionnelle, les résistances aux changements, les faibles appropriation et mobilisation des ressources budgétaires, l'absence des ressources humaines requises pour conduire les réformes et les projets, les retards dans la mise en œuvre des réformes sur l'environnement des affaires et la modernisation de l'administration publique, les dépenses sociales imprévues, les aléas climatiques, la capacité d'absorption limitée des ressources ainsi qu'un suivi-évaluation insuffisant. Et une citoyenneté encore rétive.

3. Une stratégie de développement dans toutes les directions et par tous les moyens

Le président de la République, son Excellence Monsieur Macky Sall, appelle les Sénégalaises et les Sénégalais à s'approprier le Plan Sénégal Émergent (PSE).

Pour mieux comprendre le PSE, il faut savoir que dans sa phase conceptuelle, il a mis à contribution l'expertise de plus de 200 Sénégalais, hauts fonctionnaires de l'Administration, ainsi que des personnes ressources du secteur privé, de la société civile et de la diaspora sénégalaise.

Dans son contenu, le PSE revêt trois dimensions :

- **Premièrement** : susciter la transformation de la structure de l'économie sénégalaise à l'horizon 2035, dans le sens d'une dynamique de croissance forte, en moyenne 7 % par an, sur la durée ;

- **Deuxièmement** : élargir l'accès aux services sociaux et à la couverture sociale et préserver les conditions d'un développement solidaire, inclusif et durable ;

- **Troisièmement** : répondre aux exigences de bonne gouvernance, par le renforcement des Institutions démocratiques et la promotion de la paix, de la sécurité et de l'intégration africaine.

B. Vers l'Émergence et le Développement

Dès son accession au pouvoir, le président Macky Sall s'est tout de suite attelé à repenser en profondeur le concept de développement pour promouvoir l'élaboration d'un Projet de Développement Durable inclusif et autocentré. C'est ledit projet qui subsume le PSE dans ses différentes composantes et visées. Et dans sa finalité aussi.

L'élaboration du PSE procède de deux constats :

Tous les efforts que fournira l'État seront vains aussi longtemps qu'on ne se penchera pas avec rigueur sur l'état de santé de notre économie générale. Ce premier constat hypothèque la capacité d'intervention de l'État, d'où la nécessité d'une autre vision, d'une autre politique, et d'un changement radical de paradigme.

Le PSE, qui a remplacé le Yoonu Yokkuté, minutieusement élaboré, vise à sortir le Sénégal de l'apnée et à le mener vers l'Émergence et, au-delà, vers le Développement. Il est une rupture radicale par rapport à ce qui se faisait avant. En effet, le président Macky Sall ambitionne, en un peu plus de deux décennies (c'est-à-dire en 2035), de réaliser 27 projets et de procéder à 17 réformes majeures ayant entre eux une cohérence d'ensemble.

Autour de ce plan d'ensemble, et en son sein, la feuille de route établie est appelée PAP (Plan d'Actions Prioritaires).

Il regroupe les différentes politiques sectorielles des ministères du Gouvernement de la République. Ce Plan d'Actions Prioritaires compte à ce jour plus de 200 projets et programmes.

Le PSE est structuré autour de 3 axes principaux qui sont en même temps des objectifs dirimants :

- Procéder à une transformation en profondeur de notre économie en la rendant capable de produire une croissance durable et constante comprise entre 7 % et 8 % par an ;
- Accorder une attention soutenue au développement humain et à la protection sociale ;
- Renforcer la bonne gouvernance, la paix et la sécurité.

Ces axes sont susceptibles de créer des emplois, de renforcer l'inclusion sociale et d'attirer des investisseurs internationaux. Ils visent également à redynamiser, en les repensant en profondeur les secteurs suivants :

- L'agriculture et l'agrobusiness ;
- L'habitat social ;
- Le tourisme ;
- Le secteur minier.

C'est pourquoi l'axe 1 du PSE concerne principalement les 6 domaines ci-dessous :

- Agriculture, élevage, pêche et aquaculture, agroalimentaire ;
- Habitat social et écosystème de construction ;
- Modernisation progressive de l'économie sociale ;
- Exploitation maximale des ressources minières ;
- Élévation de Dakar au niveau d'un hub multi-services et touristique ;
- Élévation du Sénégal au niveau d'un hub logistique et industriel régional.

Il s'agit concrètement, dans le domaine agricole, de valoriser toutes les ressources et potentialités agro-écologiques des différentes régions du pays, tout en n'oubliant pas l'agriculture familiale et assurer la relance des filières de production et des industries animales.

Par ailleurs, l'économie informelle de ressources et d'emplois va être progressivement modernisée pour la rendre plus performante notamment dans l'artisanat, le commerce, le micro-tourisme et le transport.

Pour ce faire, il faut permettre :

- L'accès du secteur informel à la protection sociale ;
- L'implantation d'incubateurs et des zones d'artisanat dédiées ;
- Formaliser le commerce intérieur et les transports.

Pour ce qui concerne l'habitat social et l'écosystème de construction, le PSE se propose de construire des logements sociaux (de 10.000 à 15.000/an). En veillant, dans le même temps, à la qualité des matériaux de construction par :

- Le développement d'une industrie locale du bâtiment permettant d'accroître l'offre de logement par la baisse des coûts de construction ;
- Aider à l'émergence et à l'implication des nationaux dans la construction compétitive ;
- Accroître l'offre d'habitat social ;
- Développer les filières domestiques des matériaux de construction.

Tout en prenant en compte l'efficacité énergétique, sur le plan industriel seront mises en place trois plateformes, notamment dans le domaine de l'agroalimentaire, du textile-confection et des matériaux de construction. Quant au hub logistique, il se fera par :

- La réhabilitation de la ligne de chemin de fer Dakar-Bamako ;
- La modernisation du port autonome de Dakar ;
- La construction d'autres plateformes logistiques comme le transit et stockage afin de stimuler les transports internes et régionaux.

. Ce hub multiservice devra faire de Dakar un pôle attractif de capitaux étrangers, l'ambition du Sénégal étant d'être parmi les trois premiers pôles d'externalisation des services en Afrique francophone.

Aussi se propose-t-il de réaliser un business Park d'ici 2017 et d'accueillir dès 2018 50 sièges, 2 à 3 mille foyers à hauts revenus.

Au plan universitaire et académique, l'ambition du PSE est de faire de Dakar un grand campus intégré :

- Création de cinq grandes écoles de renommée internationale ;
- Lancement déjà fait de l'UNIDAK à vocation scientifique et technologique ;
- Maillage efficace du territoire par des pôles universitaires et de centres de formation dans des filières spécialisées.

Sur le plan de la santé, il y aura l'implantation de « Dakar Médical City » : un plateau de standard international avec la création de 2 à 3 cliniques privées de haut niveau de 200 lits chacune à l'horizon 2018.

Sur le plan touristique, il s'agit de faire du Sénégal une des premières destinations en Afrique francophone, l'objectif étant d'attirer au moins trois millions de touristes par an par l'émergence de nouveaux pôles, la requalification des sites existants autour des filières balnéaires, éco touristiques, religieuses, culturelles et d'affaires.

Le tourisme est un moteur de croissance, de génération d'emplois et de devises. C'est dans le même esprit que la mise en service de l'AIBD en 2016 ainsi que la réhabilitation des aéroports régionaux d'ici 2018 sont envisagées.

L'objectif final étant de porter le nombre de passagers à 6 millions pour 2020 et 10 millions pour 2035. D'où la nécessité d'un pavillon national performant, ce qui passe par la relance de Sénégal Airlines.

Le PSE a de très grands objectifs et ambitions concernant le secteur minier par l'exploitation de tout son potentiel et l'émergence d'industries minières nouvelles. Pour un meilleur partage de ces richesses, il s'agit pour l'État du Sénégal de :

- impliquer les privés nationaux dans l'exploitation ;
- mettre en place des contrats à l'intérieur d'un cadre réglementaire afin de préserver les intérêts de l'État. C'est pourquoi le Sénégal a déjà adhéré à l'ITIE (Initiative pour la Transparence dans les Industries Attractives). Il s'agit, pour le PSE, et pour l'horizon 2020 de produire ;
- Produire entre 15 et 20 millions de tonnes de minerais de fer, 2,5 millions de tonnes de phosphates, 3 millions de tonnes d'acide phosphorique, 17 tonnes d'or correspondant au triplement de la production actuelle, 90 tonnes de zircon.

Le PSE a un deuxième axe également important sur le chemin de l'émergence qui cible essentiellement le Capital humain dont on dit qu'il est le plus précieux. Il s'agit d'impulser une dynamique vigoureuse pour réduire les inégalités sociales, pour promouvoir l'égalité et accroître la liberté. Pour se faire, il s'agit d'offrir, sans discrimination :

- L'accès à l'éducation, à la santé et à la culture ;
- L'accès à la protection sociale ;
- L'élévation du niveau de vie.

Renforçant ainsi la politique sociale déjà engagée par le chef de l'État :

- Bourses de Sécurité familiale ;
- Couverture maladie universelle : CMU qui concernera 75 % des populations à moyen et long terme ;
- La question sécuritaire dans la région et sous-région. Ce dernier point (la question de sécurité) est développé dans le volet 3 du PSE. Comme rien n'est possible sans la paix et que la région et la sous-région sont soumises à des insécurités de toutes sortes, notamment terroristes, il était important que le PSE accordât une attention particulière à cette question même si, sous ce point, notre pays est relativement stable.

Aussi, le PSE préconise-t-il pour donner des chances optimales à la paix donc au développement :

- Le renforcement de la sécurité, de la stabilité et de la bonne gouvernance ;
- La protection accrue des droits et libertés fondamentaux ;
- La consolidation de l'État de droit dans lequel l'État lui-même ne sera pas au-dessus des lois mais sera soumis aux règles communes ;
- Travailler à la stabilité sous régionale ;
- Renforcer l'intégration politique.

Ce sont là des règles de gestion érigées en principes, élevées à la dignité ontologique et susceptibles de restaurer la confiance mutuelle entre l'État et les citoyens.

Les trois axes du PSE, harmonieusement combinés, doivent permettre la mise en place des conditions de l'émergence s'ils sont accompagnés des réformes indispensables qu'ils présupposent :

- Le règlement de la question vitale de l'énergie ;
- La mise en place des infrastructures de soutien à la production ;
- L'amélioration de l'environnement des affaires ;
- Le renforcement du capital humain ;
- La satisfaction des besoins de financement de l'économie.[26]

C. Les premières réalisations du président Macky Sall

Le président Sall et son gouvernement n'ont pas perdu du temps car, dès le 20 avril 2012, en annonçant la baisse des prix des denrées de première nécessité, le Premier ministre Abdoul Mbaye a, tant soit peu, contribué à amoindrir les difficultés existentielles des Sénégalais.

Les nouveaux prix affichés sont : 280 francs le kilo pour le riz ordinaire et 435 francs pour le celui parfumé, le kilo du sucre est fixé à 580 francs et celui du litre d'huile est arrêté à 960 francs.

Pendant plus d'un an, on assiste à une maîtrise de l'inflation. Ce qui n'était pas du tout le cas avant l'arrivée au pouvoir du président Macky Sall.

---

[26] Voir livre d'Abdoul Latif Coulibaly, *Le Sénégal sous Macky Sall. De la vision à l'ambition. Les réalisations à mi-mandat*, Paris, L'Harmattan, 2015, 402 pages.

En février 2013, la baisse de l'impôt sur les salaires, une revendication récurrente des travailleurs salariés, allant de 15 à 100 %, accroît de manière significative les revenus des bénéficiaires.

Sa portée sociale est d'autant plus importante que la mesure concerne les agents de la fonction publique comme ceux du secteur privé.

L'affectation de bourses de solidarité familiale aux populations nécessiteuses, soit 250 000 ménages qui reçoivent 25 000 francs par trimestre pendant cinq ans, est l'expression la plus achevée de l'équité ou démocratie sociale. Ces bourses permettent à des milliers d'enfants d'être maintenus à l'école à l'instar de quelque 1000 pupilles de la Nation qui reçoivent chacun une allocation mensuelle de 25 000 francs.

Mme le ministre de la Santé et des Affaires sociales, le Professeur Awa Marie-Coll Seck, la première femme agrégée de médecine au Sénégal et spécialiste des maladies infectieuses, abat un travail de titan.

En plus d'avoir traqué, vaincu et bouté hors du Sénégal la terrible fièvre à virus Ebola dont un seul cas a été importé dans notre pays, Awa Coll applique à la lettre la vision du Président Sall dans le domaine de la Santé.

Ainsi, parallèlement au Plan Sésame initié par le régime Wade pour soulager le troisième âge, le 21 septembre 2013, le programme de la Couverture Maladie Universelle (CMU) est adopté pour prendre en charge les enfants de 0 à 5 ans dont les consultations, vaccinations et hospitalisations sont dorénavant gratuites.

À terme, le programme atteindra 80 % de la population qui ne bénéficie pas encore de couverture médicale.

La gratuité de la césarienne et de l'hémodialyse procure beaucoup d'espoir aux populations nécessiteuses dont la plupart meurent faute de moyens pour se faire admettre dans les structures adéquates.

Le cancer qui hante le sommeil de ceux qui en souffrent sera bientôt totalement pris en charge dans des structures modernes créées à cet effet. Tout récemment, l'instauration de la carte d'égalité des chances pour les citoyens en situation de handicap renforce la politique de socialisation des couches vulnérables.

En juin 2013, le gouvernement opte pour une politique de rationalisation drastique du train de vie de l'État ; il s'agit de procéder à des économies sur certaines dépenses comme le téléphone (fixe et mobile) dont la facture passe de 23 milliards à 11 milliards de francs ainsi que les logements conventionnés dont la suppression rapporte 15 milliards francs CFA.

Ces mesures mettent terme au gaspillage des deniers publics par les agents de l'administration.

L'économie revient à des agrégats plus prometteurs avec un déficit budgétaire plus contenu, une meilleure maîtrise de la dette intérieure : 40 milliards de francs CFA d'arriérés laissés par le régime précédent injectés dans les entreprises. Depuis deux ans, sous l'ère Macky, l'essor économique ne connaît aucune baisse. Dès lors, la croissance devrait s'accélérer pour atteindre un niveau projeté à 6,4 % en 2016 et 7 % en 2017.

La loi sur la baisse du coût du loyer votée le 15 janvier 2014 et en vigueur à partir de fin février 2014 permet aux nombreux locataires, très souvent en difficultés, de mieux souffler.

Pour prendre les mesures que voilà, il a fallu avoir un chef d'État avisé et courageux comme le président Macky Sall soutenu par des patriotes convaincus à l'instar du Pr Iba Der Thiam, ancien ministre, depuis longtemps député qui s'est orienté dans la défense des intérêts du peuple sénégalais, et Momar Ndao, consumériste très engagé ; tout cela sous la conduite éclairée de Madame Aminata Touré, alors Premier ministre. Évidemment, ayant d'autres tours dans leurs sacs, des propriétaires véreux très remontés contre toutes les mesures sociales trouvent le moyen de récupérer leur manque à gagner par des voies détournées.

Dès son élection, le Président Sall met au point « *un programme très ambitieux qui permettra de prendre en charge de façon durable et définitive le problème des inondations.*

« *Il permettra aux populations locales de bénéficier de l'espace libéré par ces travaux pour acquérir des infrastructures de base comme des écoles, des hôpitaux...* »

D'où la création du ministère de la Restructuration et de l'Aménagement des Zones d'Inondation dont l'action a donné des résultats à Grand-Yoff, à la Foire, à Dalifort, à Keur-Massar, à Pikine, etc. Le Plan « Tawfêkh » mettant en projet des milliers de logements dans des conditions acceptables pour les populations sinistrées est en train d'être réalisé sans tambour ni trompette : plus de 2000 logements sont déjà distribués aux ayants droit.

Malgré les grèves cycliques qui durent et perdurent, l'Éducation connaît tout de même une certaine pacification. Très tôt annoncée par une presse, parfois amoureuse des catastrophes, l'année blanche n'a pas eu lieu en 2015, car, loin de s'affoler, le président de la République et son gouvernement ont tenu un langage de vérité aux enseignants dont la fibre patriotique des uns a triomphé face au jusqu'au-boutisme insensé des autres.

Gouverner, c'est certes, prévoir, mais c'est aussi savoir, lorsque les circonstances le commandent, rectifier le tir à temps. La signature, par le président de la République, du décret prorogeant l'année scolaire jusqu'au 7 août 2015 afin de permettre aux examens de se dérouler sans entraves, le confirme fort bien. L'adhésion de tous les syndicats à cette nouvelle donne prouve que nos jeunes collègues sont certes, par moments, grincheux, mais toujours légalistes, comme le furent leurs aînés du SUEL, du SES et du SUDES[27] originel dont le patriotisme n'a jamais été pris en défaut.

La Concertation nationale sur l'avenir de l'Enseignement supérieur a dégagé les voies d'une Université sénégalaise compétitive orientée vers la promotion des Sciences, Technologies, Ingénierie et Mathématiques. Ainsi, 302 milliards de francs Cfa sont en train d'être investis pour le financement du Programme de Développement Stratégique de l'Enseignement.

En l'espace de trois ans, les arabisants ont pu obtenir ce qu'ils ont revendiqué sans succès pendant des décennies. Il s'agit de l'unification et de la reconnaissance du Baccalauréat en langue arabe. Il s'y ajoute que les intéressés peuvent, de nouveau, accéder à l'École Nationale d'Administration (ENA) et en sortir comme hauts fonctionnaires.

Le programme des daara modernes, le décret faisant du Magal de Touba jour férié, chômé et payé et le respect voué à la religion chrétienne, prouvent toute la considération que le président Macky Sall accorde à tous les cultes, bouillons de cultures spirituelles et de valeurs humanistes indispensables à la bonne marche de la société sénégalaise.

Une meilleure prise en charge des Sénégalais de l'extérieur s'est révélée avec le rapatriement, par vol spécial, des émigrés qui étaient cloués en Centrafrique. Accueillis par le Président, ils avaient bénéficié d'un pécule qui n'avait rien à voir avec les 10 000 francs CFA et un sandwich qu'avait reçu chacun des rapatriés d'Espagne. La vérité est que nous avons désormais un président de la République qui pense au peuple et agit pour le peuple.

---

[27] SUEL : Syndicat unique de l'Enseignement laïc ; SES : syndicat des Enseignants du Sénégal ; SUDES : syndicat unique et démocratique des enseignants Sénégal.

Le recrutement de 8000 agents dans la Fonction publique, de 10 000 agents de Sécurité de Proximité, de 1000 agents de la Santé dont 500 sages-femmes d'État affectées dans les structures régionales et rurales, réduit considérablement le chômage des jeunes en général et des diplômés en particulier. L'audit physique et biométrique des agents de l'État a assaini le fichier des salariés de la Fonction publique qui comptait 1169 salariés payés indûment. Aussi cet audit a-t-il permis d'économiser 15 milliards de francs CFA.

L'Agriculture fait l'objet d'un intérêt particulier pour les pouvoirs publics sous la conduite du président Macky Sall. Les Domaines agricoles communautaires qui accompagnent le processus de mécanisation (2000 tracteurs et 16 800 unités mécaniques distribués dans les régions) et la reconstitution qualitative du capital-semence sont autant de mesures en faveur du secteur. Les bonnes campagnes agricoles redonnent des revenus aux producteurs. *« Pour l'arachide, le prix au producteur est devenu plus rémunérateur et l'histoire des bons impayés n'est plus qu'un lointain souvenir. »*

Les subventions sont de retour. Celles relatives aux intrants (semences et engrais) pour soulager la production gravitent autour de 35 milliards. D'ailleurs, la vision du président sénégalais, en ce qui concerne l'agriculture et la sécurité alimentaire, a, le 28 septembre 2015, été saluée et primée par l'Organisation des Nations Unies pour l'Alimentation et l'Agriculture (FAO).

José Graziano da Silva, le directeur de cette éminente institution, s'est réjoui de « *la performance du Sénégal qui a cette année atteint la cible du Premier Objectif du Millénaire pour le Développement qui consiste à réduire de moitié, par rapport au niveau de 1990, la proportion nationale de personnes victimes de la faim d'ici fin 2015.* »

Mieux, monsieur Da Silva ajoute que « *l'objectif de rendre son pays autosuffisant en riz et la mise en place des bourses de sécurité familiale sont un témoignage fort de l'importance accordée par le gouvernement sénégalais au besoin de la population de son pays. La FAO le soutient dans ses actions.* »

Les éleveurs ont bénéficié d'un fonds de soutien au secteur en termes d'aliment de bétail, de l'institution d'une journée de l'éleveur et d'une loi contre le vol de bétail. Toutes ces mesures prônées par le président de la République et appliquées par la très dynamique Aminata-Mbengue Ndiaye, ministre de l'Élevage et des Productions animales, contribuent à sauver et à développer l'élevage au Sénégal.

La résurgence de la Cour de Répression de l'Enrichissement Illicite (CREI), la création de l'Office National contre la Corruption (OFNAC), la revitalisation de la Cour des comptes et l'application d'une panoplie de mesures législatives et réglementaires qui s'en sont suivies procèdent d'une volonté ferme de bouter l'impunité hors du Sénégal.

Dans le Plan Sénégal Émergeant (PSE), les infrastructures occupent une place de choix. Des sillons du Développement sont tracés au Nord avec le MCA.

La Casamance où la paix des braves est en passe d'être retrouvée peut enfin relever la tête pour envisager son avenir avec beaucoup plus de sérénité.

Les chantiers reprennent et libèrent les sentiers du développement dans cette partie méridionale du pays. Les routes de désenclavement au sud changent la donne dans la partie méridionale du pays. La boucle du Blouf : Kafontine, Nianfran, Abéné et tant d'autres villages sont, aujourd'hui, en train d'être d'accès facile.

Les frémissements d'une reprise du tourisme sont notables sur l'axe Diouloulou-Kafontine ; les frétillements d'un développement agricole apparaissent avec les productions fruitières qui sont en train d'être boostées.

La réhabilitation du tronçon de la route nationale 2 (RN2) s'étendant entre Richard-Toll et Dagana est achevée. Le pont de Ndioum et ses bretelles d'accès sont fonctionnels. Les travaux sont très avancés pour la cuvette de Ngalenka où les 450 hectares sont aménagés prêts à l'emploi. Ces chantiers suscitent l'espoir d'un avenir meilleur. C'est le cas des 23 villages qui entourent la cuvette de Ngalenka, des pensionnaires du Delta, des habitants de l'Île à Morfil, des usagers de la RN2 et du pont de Ndioum.

Avec un budget de 26 milliards pour le réaménagement du port de Ziguinchor, 23 pour redynamiser l'économie, désenclaver la région, 19 pour la réduction de la pauvreté dans les régions de Sédhiou et de Kolda, 12,5 milliards pour de 969 km de routes à bitumer entre Sâré Alcali, Bogal et Ndamaconda, 21 milliards pour le pont de Marsassoum, 73 pour celui de Sédhiou-Sandiniéry, la Casamance naturelle, la Californie du Sénégal, est au cœur du PSE selon la volonté affichée du président Macky Sall.

« Nous le voyons déjà après un an de démarrage du PSE, les signes d'une amélioration de la conjoncture économique au Sénégal se multiplient, mais une véritable émergence demandera du temps et des efforts, en particulier sur le front de l'emploi. Nous y arriverons !

« Par notre travail, notre solidarité et notre courage, nous y arriverons. Nous sommes un Peuple et le PSE peut être notre But, alors ayons la Foi, car un retour pérenne de la croissance réclame surtout un élément déterminant : la confiance.

« Je connais vos priorités et comprends votre impatience parfois. Incertitude sur vos études, sur l'avenir, sur l'entrée dans

le marché du travail, sentiment d'être oubliés, voire maltraités par le politique.

« Je déclare ici vouloir aider à se reconstruire une jeunesse sénégalaise dynamique, créative, heureuse et non frustrée ! Elle doit être au cœur de nos stratégies.

« Elle représente les ¾ de notre peuple. Aucun investissement n'est de trop pour son bien-être. Je m'engage à œuvrer de tout mon cœur et de toutes mes forces pour mener les jeunes à l'essentiel, c'est-à-dire au développement de leur pays.

« Telle est ma proposition faite à la jeunesse, pour qu'elle joue tout son rôle dans la croissance sénégalaise ! » **Macky Sall, président de la République du Sénégal.**

D. La Vision culturelle du président de la République pour un Sénégal Émergent

1. Introduction

Pour comprendre la stratégie culturelle du chef de l'État, il convient de rappeler ce qu'est la Culture. Au-delà de la notion foisonnante et confusément plurivoque, le concept de culture renvoie à des signes précis. Il s'appréhende au triple plan ontologique, idéologique et anthropologique.

Il y a d'une part la culture comme règle, comme norme, histoire et temporalité (par opposition à la nature) et la culture comme représentation (idéologie) et comme attitude fondamentale d'un peuple (anthropologie).

La culture est ainsi « *l'ensemble des habitudes, des attitudes, des aptitudes d'un peuple à un moment donné de son histoire* » selon l'excellente formule du Professeur Yoro Fall.

Ainsi comprise, la culture n'est pas seulement de l'ordre de la représentation ; elle concerne les valeurs, les comportements ; participe de l'identité nationale et de l'armature idéologique face au développement, à l'Émergence. Elle engage une pleine conscience de nous-mêmes, de notre histoire, du parcours de notre identité collective, de notre sentiment d'appartenance et de la manière dont nous nous représentons et nous nous représentons les autres et le monde.

La culture a pour finalité l'épanouissement individuel et collectif. C'est la culture ainsi entendue « *qui est au début et à la fin du développement* ».

Cette précision conceptuelle, qui n'est pas une simple déformation professorale, tend à lever toute équivoque, toute confusion qui réduirait la culture à une simple **LMD** (Lutte-Musique-Danse) qui, du reste, est une de ses composantes.

Le président de la République a une approche holistique de la culture, dans sa triple dimension ontologique, idéologique et anthropologique.

Ainsi, la gouvernance vertueuse et sobre, la lutte contre la corruption et la concussion, une saine administration de la chose publique, la levée des couleurs, la promotion des valeurs civiques, le culte du travail et de la responsabilité participent de la promotion de la Citoyenneté, de l'Altérité et relèvent du processus culturel.

C'est par la culture ainsi comprise que l'on peut réduire cette pathologie sociale universelle qu'est la résistance au changement ; c'est par elle que l'on mobilise les énergies nécessaires à l'Émergence.

Donc, s'il n'y a pas à proprement parler un programme culturel élaboré, explicite, dans le « PSE », il y a chez le président de la République une attention forte, accrue pour la question culturelle conçue de manière stratégique.

En effet, le chef de l'État souhaite que la culture marche sur ses deux jambes, en prenant en compte l'ensemble de ses signes, de son champ, comme en attestent les discours du centenaire d'Aimé Césaire, de Strasbourg, l'adresse aux intellectuels et, récemment, le discours historique de Ziguinchor.

La vision stratégique et politique de la culture du Président de la République s'articule autour des points suivants :

- **Produire un discours de l'Afrique sur elle-même** (après celui de l'Europe et du monde) : ce que Senghor appelle **penser pour nous-mêmes et par nous-mêmes**. La production de ce discours est importante pour gagner la décisive bataille de l'Émergence, prélude au développement authentique et durable ;

- **Exploiter notre patrimoine culturel** dans sa richesse et sa diversité ;

- **Poursuivre**, dans le cadre de la reconquête de notre identité, **la réécriture de notre histoire ;**

- **Promouvoir la citoyenneté** : en rebâtissant les mentalités et changeant les comportements ;

- **Promouvoir** et renouveler les **valeurs éthiques**

- **Protéger** davantage les arts et les lettres, les artistes et les créateurs ;

- **Développer résolument les industries culturelles.**

2. Mémento des chantiers déjà réalisés ou en cours : 2012-2016

- Renforcement exceptionnel et substantiel des ressources allouées au Fonds d'Aide à l'Édition ;

- Assistance fiscale aux maisons d'édition, afin de rendre le coût de revient du livre moins onéreux pour les éditeurs, et son prix plus accessible aux populations, notamment, les élèves, les étudiants, les enseignants et autres lecteurs ;

- Mise en œuvre immédiate d'un Plan de restructuration des Nouvelles Éditions Africaines (NEAS) ;

- **Valorisation des livres écrits en langues nationales** et leur vulgarisation ;

- **Adaptation cinématographique des livres** et la prestation scénique des pièces de théâtre publiées, en relation avec les établissements de spectacle et les médias audiovisuels ;

- **Relance du Grand Prix du chef de l'État** pour la Promotion du Livre en y intégrant des prix spéciaux pour encourager les femmes et les jeunes écrivains.

- Mise en place d'un Plan National de Relance de l'Écriture, du Livre et de la Lecture (**PERLE**) ;

- Exécution d'un Plan national de réhabilitation des bibliothèques et centres de lecture ;

- Tenue d'un Conseil Interministériel sur la Lecture ;

- Naissance de la nouvelle société de gestion collective des droits d'auteurs et des droits voisins

- Écriture de l'histoire générale du Sénégal ;

- Promotion et vulgarisation de la charte du mandé en collaboration avec les États de l'espace mandingue ;

- Création du musée Senghor ;

- Acquisition du 1er musée d'Art africain : le Boribana ;

- Mise en place du Musée des Civilisations noires ;

- Retour du « musée dynamique » à la culture ;

- Projet « maison des archives » ;

- Fonds de promotion du cinéma 1 milliard ;

- Organisation de la 4ème rencontre des cinéastes d'Afrique, du Brésil, des Caraïbes et leur Diaspora (ABCD) en septembre 2014 ;
- Érection d'une grande Bibliothèque nationale multimédia ;
- Mise en œuvre d'un programme spécial d'appui à la réhabilitation des sites et édifices religieux ;
- Élaboration d'un statut pour le Grand Théâtre ;
- Rencontre avec les intellectuels et échange, avec le discours historique du Président de la République ;
- Création des bureaux économiques et culturels dans nos représentations diplomatiques ;
- Classement de la gare de Dakar en monument ;
- Le dernier sommet de la francophonie tenu à Dakar.

C'est ainsi aussi qu'il faut comprendre le sens profond de l'adresse du président de la République aux intellectuels que nous reproduisons in extenso, en annexe.

E. PSE : Essai de conclusion générale

Oui, nous pouvons « *sortir de la grande nuit dans laquelle nous fûmes plongés* », nous pouvons sortir de l'apnée et respirer l'air des alizés marins, si nous déréalisons les structures mentales extraverties, si nous pensons « *par nous-mêmes et pour nous-mêmes* » par la déconstruction des anciens paradigmes.

Voilà la philosophie dont procède le PSE, fruit d'une réelle volonté politique du président de la République et d'une vision profonde et holistique partagée par le Premier ministre et l'ensemble du Gouvernement. Nous pouvons et devons réussir si ce plan fait l'objet d'une appropriation par les masses populaires tant il est vrai qu'une idée qui pénètre les masses devient une force matérielle.

Ce qui suppose l'assomption d'une Citoyenneté entière, débarrassée de ses incivilités et de ses scories éthico-morales. Si nous nous retroussons les manches « *comme un vaillant homme* », en nous débarrassant de nos infirmités morales, en ayant le culte du travail par un patriotisme et une citoyenneté éclairés et actifs, en nous gardant de l'attitude « stérile » du spectateur, qui, sur le bord de la route, compte les bons et les mauvais points, oubliant ainsi que l'émergence et le développement du pays sont entre les mains de tous…

Si toutes les volontés et expertises soutenues par l'enthousiasme collectif se conjuguent victorieusement, alors il ne serait point nécessaire d'être prophète pour prédire que, sous la conduite résolue, avisée et ferme du président Macky Sall, une aurore boréale se lèvera sur notre pays dont l'horizon d'atteinte est l'An 2035.

1. Éléments de doctrine

« *J'ai la pleine conscience de l'urgence pour l'Afrique de produire un discours sur elle-même. Inventer un discours africain sur l'Afrique, c'est, dans un même mouvement, déconstruire la part idéologique des modèles théoriques et réinterroger positivement les modèles et les paradigmes* ». **Macky Sall, discours de Strasbourg du 9 octobre 2013.**

Dès son arrivée au pouvoir, dans les actes posés, dans les discours prononcés et dans la politique menée, le président Macky Sall, s'est efforcé d'élaborer un corps de doctrine différent de ceux pensés sous d'autres cieux, pour d'autres cieux et qu'il est impossible de plaquer sans inventaire sur nos réalités.

Ni socialisme vermoulu ni libéralisme économique tous azimuts. Si, sur le plan politique, le président est résolument libéral, il n'en est pas de même sur le plan économique. Il faut, pense-t-il, après le discours du monde, de l'Europe sur l'Afrique, que nous arrivions à produire un discours sur nous-mêmes, à partir de nous-mêmes et pour nous-mêmes : un discours africain sur l'Afrique.

Ce qui suppose la déconstruction du discours de l'anthropologie coloniale et de la charge idéologique qui gangrènent les modèles théoriques pensés par l'Occident pour s'en inspirer dans l'élaboration de nos modèles et paradigmes.

Le Président Macky Sall pourrait s'approprier sans frais ce propos de Frantz Fanon qui est en phase avec sa propre pensée et sa propre Vision : « *Allons, camarades, il vaut mieux décider dès maintenant de changer de bord. La grande nuit dans laquelle nous fûmes plongés, il nous faut la secouer et en sortir.*

« *Le jour nouveau qui déjà se lève doit nous trouver fermes, avisés et résolus.*

« *La condition humaine, les projets de l'homme, la collaboration entre les hommes pour des tâches qui augmentent la totalité de l'homme sont des problèmes neufs qui exigent de véritables inventions.*

« *Mais alors, il importe de ne point parler rendement, de ne point parler intensification, de ne point parler rythmes. Non, il ne s'agit pas de retour à la Nature.*

« *Il s'agit très concrètement de ne pas tirer les hommes dans des directions qui les mutilent, de ne pas imposer au cerveau des rythmes qui rapidement l'oblitèrent et le détraquent.*

« *Il ne faut pas, sous le prétexte de rattraper, bousculer l'homme, l'arracher de lui-même, de son intimité, le briser, le tuer.*

« *Non, nous ne voulons rattraper personne. Mais nous voulons marcher tout le temps, la nuit et le jour, en compagnie de l'homme, de tous les hommes...*

« Il s'agit de ne pas étirer la caravane, car alors, chaque rang perçoit à peine celui qui le précède et les hommes qui ne se reconnaissent plus, se rencontrent de moins en moins, se parlent de moins en moins ». **Frantz Fanon : Les Damnés de la Terre**

La reprise sans complexe de la question de l'homme à partir du niveau où l'Europe l'a manifestée suppose un nouvel humanisme repensé à l'aulne des valeurs africaines les plus positives, de l'histoire africaine et de notre immense gisement culturel insuffisamment exploité. Ce n'est pas un hasard si le président de la République est fasciné par l'histoire, ou s'il tient à la révolution tôrôdo et la Charte du mandé en si haute estime.

En effet, c'est en Afrique qu'a surgi l'un des textes fondateurs de l'Histoire des hommes, à savoir la Charte du Mandé, promulguée en 1236 par l'empereur du Mali, Soundjata Kéïta. Contemporain de la Magna Carta (la Grande Charte), ce texte traite des mêmes questions fondamentales touchant à la sauvegarde de l'intégrité physique et morale de l'homme, aux espaces de liberté que doivent lui consentir les pouvoirs souverains, des rapports que doivent entretenir les diverses catégories qui constituent la société, des règles de coexistence entre les ethnies, les croyances, les classes d'âge, les hommes et les femmes, entre les hommes et leur environnement.

La charte du Mandé dite Charte de Kurukan Fuga, reconnue comme précurseur de la déclaration des droits de l'homme lors de la célébration du 50ème anniversaire de la déclaration des droits à Genève en 2008, et inscrite au patrimoine immatériel de l'humanité par l'Unesco en 2009, concerne ainsi toute l'aire culturelle soudano-sahélienne.

C'est dire que si « l'Afrique est désunie, elle n'est pas démunie » pour puiser au fond d'elle – même les ressources nécessaires à sa renaissance. Ce que la Malaisie et le Japon de l'ère Meiji ont réussi, l'Afrique peut bien le réussir. D'autant qu'ils disposent du tiers des ressources mondiales, d'une jeunesse vigoureuse, d'un capital humain de presque un milliard. Pour le Président Macky Sall nous pouvons réussir ce pari audacieux en travaillant à l'intégration et à l'unité Afrique, puisqu'aujourd'hui, selon les observateurs les plus avertis, l'Afrique est l'avenir du monde.

C'est aussi en Afrique qu'eut lieu, en 1776, la Révolution Tôrôdo conduite par Cheikh Souleymane Racine Bâl de Bôdé. Révolution dont le Professeur Iba Der Thiam dit, à juste titre, qu'elle est la plus importante de toutes les révolutions contemporaines. La démocratie n'est pas étrangère à l'Afrique contrairement à une certaine opinion, mais bien inscrite dans le code génétique africain, a récemment soutenu le Professeur Iba Der Thiam, laissant entendre que l'afro-pessimisme découle surtout d'un « *terrorisme intellectuel* (qui) *a fini par imposer une culture de la résignation et de l'omerta.*

« *On disserte, à tout propos, sur le retard et l'arriération de notre continent, par comparaison avec d'autres, alors que son histoire n'est, en rien, comparable, ni à celle de la Corée du Sud, ni à celle de Singapour, ou de la Thaïlande, ni à celle de tel ou tel État d'Amérique Latine, des pays arabes ou d'Europe* », a-t-il soutenu dans un discours prononcé à Genève, à l'occasion de la célébration du 7ème anniversaire du magazine panafricain en ligne Continent Premier.Com.

« *Dans le Foûta sénégalais, en 1776, la Révolution Tôrôdo instaure la limitation des mandats à l'initiative de l'Imam Thierno Souleymane Bâl.*

Dans le royaume du Wâlo, le vote était la norme. Une assemblée, dénommée Sébak Bawor, existait et fonctionnait parfaitement », rappelle l'historien qui poursuit : « *Une Charte des droits humains et un code de l'étranger peuvent, même, être attestés dans presque toute la Sénégambie et, au-delà, dans tout le*

Soudan nigérien », a-t-il encore soutenu, non sans évoquer la Charte du Kurukan Fuga (1236), par lui présenté comme « *un humanisme politique, social et économique et une philosophie du "vivre-ensemble", qui ferait pâlir d'envie, la démocratie post-Athénienne* ».

La charte est une source inépuisable d'inspiration au moment où on parle partout en Afrique de bonne gouvernance et de dévolution monarchique du pouvoir.

Voici, à ce propos les recommandations du Cheikh Souleymane Racine Bâl, concernant la bonne gouvernance.

- Détrônez tout imâm dont vous voyez la fortune s'accroître et confisquez l'ensemble de ses biens ;
- Combattez-le et expulsez-le s'il s'entête ;
- Veillez bien à ce que l'imâmat ne soit pas transformé en une royauté héréditaire où seuls les fils succèdent à leurs pères ;
- L'imâm peut être choisi dans n'importe quelle famille ;
- Choisissez toujours un homme savant et travailleur ;
- Il ne faudra jamais limiter le choix à un seul et même clan ;
- Fondez-vous toujours sur le critère de l'aptitude.

« *Pour construire ensemble un Sénégal émergent, libre et prospère dans une Afrique unie, je n'ai pas peur des défis, car je pense, avec Hölderlin, que "là où croît le danger, gît aussi ce qui sauve".* » J'ajoute que nous ne serions que mieux armés si nous mettions en avant les deux principes que voici :

- **Premièrement :** Rien n'est possible sans le respect de la République et de ses institutions, de la démocratie et de ses principes.

- **Deuxièmement :** Rien n'est possible sans un minimum de consensus » écrit le Président Macky Sall.

République, Démocratie, Consensus : notre avenir se construira sur ce triptyque. À condition de le repenser en profondeur.

Être républicain, c'est respecter ses institutions et ceux qui les incarnent ; respecter, en la renforçant, la séparation des pouvoirs (pouvoir exécutif, législatif et judiciaire, encore que, pour ce dernier qui n'a pas de légitimité populaire, le mot « autorité » conviendrait mieux) ; respecter, en les renforçant, les libertés politiques, accepter l'existence d'une opposition et la liberté d'expression qui n'ont de valeur que quand ladite opposition est responsable. Et enfin, travailler pour le bien commun, pour la chose publique.

Être démocrate, c'est accepter le débat contradictoire, sérieux et fécond. Être apte à respecter une opinion contraire, c'est promouvoir la liberté et l'égalité des citoyens.

Sans oublier que la finalité de la démocratie, ce n'est pas le débat contradictoire mais l'instrument du Consensus, car lui seul permet d'avancer. Et le consensus, depuis les temps immémoriaux, est une des valeurs africaines : on devrait se souvenir de la signification de l'arbre à palabre.

La Grèce du siècle de Périclès a inventé la Démocratie (dans laquelle les femmes, les esclaves et les métèques n'ont pas le droit de vote), les Romains ont inventé le Droit (jus), les Anglo-Saxons ont inventé la Magna Carta, les Français la Révolution française, les Américains la Révolution américaine. Tous ces pays ont apporté quelque chose à la République et à la Démocratie et ont approfondi la notion de consensus.

Faute de s'inspirer de ses propres modèles et de sa propre culture et, par la frilosité de ses intellectuels, l'Afrique n'a encore rien apporté au monde comme si notre rôle était de le parasiter.

Il est possible de changer un tel état de fait en repensant ses concepts sans nier leur apport, comme l'écrit le président de la République : « *À se replier sur eux-mêmes, les peuples comme les civilisations, "s'étiolent et meurent", car ils oublieraient ainsi les nécessaires solidarités à la fois horizontales et verticales dans la complémentarité et l'interdépendance si caractéristiques de notre modernité* ».

Il s'agit donc de promouvoir des « solidarités horizontales et verticales » pour ne pas étirer la caravane de l'humanité.

Dans l'édification de cette œuvre nouvelle, le président de la République a besoin de tout le monde, conscient qu'il est de ce que disait Diderot, un des inspirateurs de la Révolution française : « *le magistrat rend la justice, le philosophe apprend au magistrat ce qui est juste et l'injuste ; le militaire défend la patrie, le philosophe apprend ce qu'est une patrie (...) le souverain commande à tous, le philosophe apprend au souverain quelle est l'origine et la limite de sa souveraineté.*[28] »

2. Du libéralisme

Le président de la République est-il un libéral ?

Pour répondre à cette question, il convient tout d'abord, comme **Intelligences Magazine** y a procédé dans sa livraison du mois d'avril dernier, de donner au président Sall l'occasion de décliner sa pensée politique :

« *L'idéologie est toujours présente, bien sûr, puisque c'est elle qui théorise l'action et permet de donner un contenu et une vision par rapport à notre action politique. Du point de vue idéologique, je reste un libéral de gauche.*

« *Libéral, parce que convaincu des valeurs du libéralisme social à visage humain. Si vous voyez toute ma trajectoire, bien*

---

[28] Diderot, lettre à Louis XVI.

qu'elle soit plus ancrée dans la mouvance démocratique depuis que j'ai quitté les mouvements de gauche, vous vous rendez compte que le fond de mon combat est pour la justice sociale, une plus grande redistribution et une plus grande équité.

« Une dimension fondamentale du pacte social qui doit accompagner les économies puisqu'aucune économie sans solidarité n'en est une et une croissance sans humanité n'est durable, etc.

« Donc, il faut combiner le libéralisme dans ses mécanismes d'économie de marché au plan économique, au plan politique dans le respect des libertés des individus. Mais aussi au plan social pour qu'il y ait cette dimension de solidarité inclusive.

À cela il faut ajouter un État de droit sans lequel rien de durable ne peut être bâti.

Un État de droit suppose la lutte contre l'impunité, pour la transparence budgétaire, pour les principes de redevabilité. Voilà, en résumé, la philosophie de mon action politique. »[29]

Comme il l'a si bien dit, le président de la République est un libéral. Plus précisément, c'est un démocrate et un libéral.

Le Président n'est ni pour un libéralisme pur et dur (qui n'existe d'ailleurs nulle part) ni pour ce libéralisme ainsi défini par le père Lacordaire : « *un renard libre dans un poulailler libre* ». Bien au contraire, le Président a une fibre sociale très importante. Sa politique économique se situe entre la Social-démocratie et le Libéralisme sans pouvoir être réduite à l'une ou à l'autre. Macky Sall cherche à concilier la volonté de liberté du libéralisme et la volonté d'égalité du socialisme.

Cette politique qui a été définie par les Anglo-saxons comme le social-libéralisme (dit également libéralisme social, haut

---

[29] *Amy-Sarr Fall*, « SEM Macky Sall, président de la République » in *Intelligences Magazine*, avril 2015, pp. 28-29.

libéralisme, libéralisme radical ou libéralisme moderne) est un courant du libéralisme qui croit en la nécessité d'avoir des fondements sociaux. Ladite politique cherche ainsi à concilier le libéralisme économique avec la liberté individuelle et la justice sociale.

Cette dernière expression sert à désigner la pensée des socialistes revendiquant une synthèse entre la social-démocratie et le libéralisme économique.

Concernant l'économie de marché, le social-libéralisme a pour postulat que la liberté économique assure la meilleure équité sociale. Il ne revendique donc pas la disparition de l'État ou sa réduction aux fonctions régaliennes comme le fait le libéralisme pur et dur. Autrement dit, oui à l'économie de marché et non à la société de marché.

Voilà quelques éléments de doctrine qui, approfondis et repensés, pourraient aboutir à l'élaboration d'une conception africaine du libéralisme.

CONCLUSION

Après les présidents **Léopold Sédar Senghor**, poète émérite, chantre de la Négritude, promoteur acharné de la Culture africaine et initiateur de l'esprit d'Organisation et de Méthode dans les rouages de l'État sénégalais...

Abdou Diouf, administrateur civil pointilleux, gestionnaire scrupuleux, grand défenseur de la conscience professionnelle, partisan « *du moins d'État, mieux d'État* » et de l'édification d'une nation moderne et modèle...

Me Abdoulaye Wade, auteur d'*Un Destin pour l'Afrique*, théoricien du concept de la Double Planification et du Nouveau Partenariat pour le Développement de l'Afrique (dont il partage la paternité avec les présidents sud-africain Thabot Mbeki, algérien Abdelaziz Boutelika et nigérian Olusegun Obasanjon), bâtisseur d'infrastructures culturelles, routières et aéroportuaires et père de nombreuses réformes nationales à incidence financière et socio-économique évidente... le pouvoir échut à **Macky Sall.**

Né après les indépendances, le nouveau chef de l'État a des idées et est irréversiblement engagé dans l'action. Très tôt, il a compris que le travail est la loi du monde et que c'est, seulement, au bout d'un effort soutenu et d'une détermination inébranlable, qu'on peut parvenir à conquérir sa place au soleil. En ce sens, à tous les cœurs endoloris, il donne l'espoir qui est le pilier du monde.

Toutefois, eu égard à la détérioration des mœurs qui s'est amplifiée au cours de ce qu'il est convenu d'appeler la première alternance, Mbégnou II a d'abord pris le bon pli de s'attaquer à la restauration de toutes les valeurs qui ont fait du Sénégal, petit pays ne disposant que de peu de ressources, une nation grande

« *par la raison et par le cœur* », aimée et respectée de par le monde.

Sa volonté d'instaurer une gestion sobre et vertueuse et, partant, de bâtir un État de droit, s'inscrit en droite ligne sur les recommandations des Assises nationales (1er juin 2008-24 mai 2009) dont le diagnostic apocalyptique ne laisse personne indifférent.

Dès lors, pour mettre à bonne fin tous ses projets centrés sur le Plan Sénégal Émergent (PSE), le Président Sall a, certes, besoin de beaucoup d'allant, mais aussi d'autant de courage à puiser dans le glorieux passé de ses ascendants Sebbé Koliyâbé qui, pendant longtemps, ont servi de remparts pour les dynasties qui se sont succédé au Foûta-Tôro du XVIème au XIXème siècle.

Quand on est un Sall (thial-salo : opiniâtre) descendant des lâmtôro, l'appartenance à la caste des Sebbé revêt une connotation plus dynamique : la bravoure et la témérité ancestrales font place à la perspicacité, à la ferveur au travail, à l'esprit d'abnégation et à la justice sociale, d'où l'opportunité de la « *primauté de la patrie sur le parti* », l'un des axes de la bonne gouvernance qui lui est très chère.

À mi-parcours, le bilan du Président Sall est déjà élogieux.

Son souci de soulager les couches vulnérables et sa volonté de corriger les injustices dont le commun des Sénégalais était victime enregistrent des résultats appréciables.

Son projet de construction d'une École et d'une Université d'élite, loin des soubresauts saisonniers qui gangrènent ces institutions, et son engagement à contribuer à la bonne santé des Sénégalais selon la vieille et toujours actuelle formule : « *une âme saine dans un corps sain* », préfigurent, d'ores et déjà, un Sénégal émergent et prospère.

Ce ne sont pas des vœux pieux car, comme le dit un dicton, le roi des souhaits est mort à l'hôpital. Ce sont des projets réalisables dont les prémices sont en train de s'opérer sous nos yeux.

Seulement, l'exercice quotidien du pouvoir ne peut nullement être aisé dans un État où tout est à faire ou tout est à refaire. D'autant que le Sénégal est le pays de la palabre futile : on y fait feu de tout bois parce que la circonspection favorable à la réflexion et au travail bien fait, en vigueur sous d'autres cieux, constitue une véritable gageure dans le pays dit de la Teraanga.

À longueur de journée, aussi bien à la télévision, à la radio, que dans les journaux, on parle de tout et de rien : partisans et adversaires des différents régimes s'y affrontent sans ménagement. Évidemment, selon un adage, *nul n'est prophète chez soi.* Une autre sentence, non moins vraie, soutient que toute règle a une exception : sous nos latitudes encore frémissantes, un homme comme le président Macky Sall, au parcours politique exemplaire et dont la sincérité ne fait l'ombre d'aucun doute, en un mot, un homme courageux, serein et efficace, ne mérite-t-il pas d'avoir le temps de mener à bon port son immense ambition et, ce, pour le plus grand bénéfice du peuple sénégalais ?

Dès lors, pendant son mandat qui, sauf imprévu, prend fin en 2019, le président Macky Amadou Abdoul Sall peut bien compter sur le soutien de tous ceux qui font du développement du Sénégal leur objectif primordial.

Ce modus vivendi nous éviterait, à nous qui, hélas, sommes en perpétuelle campagne électorale, de perdre un temps très précieux dans la vie éphémère de la personne humaine. Ne jamais perdre de vue qu'il n'y a point de plus belle épargne que celle du temps.

D'ores et déjà, l'élection du Sénégal comme membre non-permanent du Conseil de Sécurité, pour deux ans (2016-2017), par 187 voix sur 193, replace notre pays dans le peloton des États décideurs du monde. Pour la troisième fois : après 1968-1969 et

1988-1989, la voix de notre pays va retentir sur la plus haute des tribunes politiques du monde.

Cette promotion rend compte de la vitalité de notre politique extérieure et du leadership de plus en plus affirmé de notre État.

Pour dire que certains rêvent d'incroyables projets pendant que d'autres, comme le président Macky Sall, plus lucides, restent éveillés et les réalisent. Sans tambour ni trompette.

ANNEXES

A. Discours de Rupture prononcé par le président Macky Sall le 1er décembre 2008

Mesdames, messieurs,

Il arrive des moments, dans l'histoire d'un pays, qui ne laissent pas de choix aux femmes et aux hommes de bonne volonté. Alors, l'unique choix, authentique et urgent, est celui d'un engagement vers un nouvel horizon plus porteur d'espoir. Le Sénégal est à la croisée des chemins ! Il faut, alors, emprunter les pistes salutaires, si étroites soient-elles, en puisant des ressources morales et politiques dans la longue tradition de résistance de notre peuple.

Il faut, alors, oser penser, jusqu'au bout, ce nouveau virage, après celui historique du 19 mars 2000, moment décisif de rupture et de créativité, porté par un peuple debout, solidaire et avide de changements. Mais, il faut surtout oser agir, pour tisser les rameaux de l'espérance et édifier un Sénégal développé, libre et démocratique.

Ce sont toutes ces raisons impératives qui ont dicté à des hommes et des femmes de bonne volonté, la création d'une nouvelle formation politique : l'Alliance pour la République (APR-Yaakaar). L'APR-Yaakaar n'est pas un Parti de plus !

L'APR-Yaakaar condense et exprime un horizon qui prime sur tout, c'est-à-dire le destin du Sénégal.

L'APR-Yaakaar traduit une volonté : celle d'inscrire la cause et les intérêts du Sénégal, au cœur de l'action politique. L'APR-Yaakaar confirme une option : celle d'une totale adhésion aux valeurs démocratiques et aux principes de la République dont la Constitution est le socle inoxydable. En somme, l'APR-Yaakaar est une proposition politique qui postule que la Patrie importe plus que le Parti, que les attentes des Citoyens constituent le principal enjeu de l'engagement politique.

Ainsi, il est question, à la fois, d'une Conviction, d'un Projet et d'une Ambition pour le Sénégal. Il est question d'une initiative dont le cœur ne bat que pour plier le destin à notre commune volonté de répondre aux défis majeurs des temps présents, à savoir le bien-être des populations dans un climat de paix, de stabilité et de liberté.

Les symboles identitaires de l'APR-Yaakaar que sont ses couleurs, sa devise et son logo, en attestent pleinement. Le marron, sa couleur dominante, porte les promesses fécondes de la terre. Il est largement assimilé au bonheur et renvoie aux grandes valeurs éthiques et morales sécrétées par notre peuple tout au cours de sa longue et riche histoire. Il fusionne harmonieusement, avec le beige, synthèse du brun et du jaune, couleur de la laine naturelle, proche de l'immaculée, elle-même synonyme de pureté.

L'attachement de l'APR-Yaakaar à la cohésion de notre nation, arc-en-ciel dans ses remarquables groupes socioculturels, se vérifie, d'abord, à travers les 14 Étoiles disposées en cercle au milieu duquel figure une tête de Cheval.

Le chiffre 14 n'est guère fortuit. Il correspond au nombre de Régions Administratives et terroirs d'implantation de toutes les populations de notre pays. À ces 14 Étoiles, s'ajoute, ensuite, une autre. Celle qui représente les Sénégalais de l'Extérieur.

Ce recours expressif aux Étoiles s'explique par le fait qu'elles symbolisent de façon remarquable la lumière scintillante et majestueuse, celle qui doit inspirer et orienter l'homme vers la transparence et la clarté, dans ses démarches et actes quotidiens.

Ces Étoiles sont associées à un animal, fidèle parmi les plus fidèles compagnons de l'Homme, à savoir le Cheval, traduction de la noblesse incarnée. Il est ce travailleur infatigable mobilisé pour toutes les grandes causes. Animal du paysan, du pasteur et du simple citoyen, le Cheval est synonyme de force. Il est l'unité de puissance des moteurs. C'est à cet animal reconnu pour sa grandeur, son endurance et sa beauté, que s'identifie l'APR-Yaakaar.

La devise de l'APR-Yaakaar est : **« Travail-Solidarité-Dignité »**. La devise complète cette vision empreinte d'éthique, de morale et de valeurs qui ont historiquement fait la force de notre nation.

Réhabiliter le travail qui, seul, ennoblit l'Homme : c'est à la fois un défi et une urgence. Le déclin de la morale et des grandes valeurs éloigne bon nombre de nos concitoyens des vertus majeures et des postures suprêmes que seule la Dignité permet d'assumer dans un contexte de crise profonde.

L'APR-Yaakaar s'impose l'obligation de restituer à cette valeur cardinale de notre Code d'honneur, toute sa place dans la vie sociale et dans la gestion des affaires publiques.

Le cercle unificateur de notre logo renvoie à l'indéfectible unité de notre peuple et à cette solidarité agissante qui soude toutes ses composantes.

L'APR-Yaakaar est un appel urgent à la jeunesse sénégalaise. Une jeunesse enthousiaste, généreuse et fer de lance de toutes les grandes batailles nationales et populaires. Une Jeunesse qui croit en son pays, une jeunesse qui refuse l'injustice et le bâillonnement des libertés. Une Jeunesse toujours disponible pour les grands chantiers de la nation. Bref, une « jeunesse am fullë té guëm dara ».

Jeunesse du Sénégal, Jeunesse des villes et des campagnes ; jeunesse des Écoles, des Universités et des Entreprises ; jeunesse oubliée des banlieues, l'APR-Yaakaar t'exhorte à maintenir le cap de l'espoir pour de nouvelles et inéluctables victoires.

Tu as la force, l'intelligence et le temps de construire ton avenir, en forçant le Présent à adopter la physionomie que tu lui imprimes.

L'APR-Yaakaar est un appel urgent aux Femmes du Sénégal, parce que le développement de la société se mesure, avant tout, à l'aune du bien-être des Femmes, à l'aune des droits réellement accordés aux femmes et aux enfants, ces êtres fragiles qui sont l'avenir de l'humanité.

Femmes du Sénégal, femmes des villes et des campagnes, des maisons et des marchés, des universités et des entreprises, des Partis politiques comme de la Société Civile, l'APR-Yaakaar vous exhorte à tenir le pari d'un meilleur avenir pour le Sénégal. Femmes de mon Pays, vous êtes d'une exceptionnelle bravoure, d'une incomparable force militante et d'un remarquable esprit d'entreprise.

Vous avez toujours fait montre d'endurance, de créativité et de courage lorsque tout est sombre, lorsque les moments sont difficiles et incertains, lorsque le futur bégaie.

L'APR-Yaakaar est un appel urgent aux Travailleurs des villes et des campagnes, aux paysans, pasteurs et pêcheurs. Vous êtes le cœur 8du Sénégal, sa force et sa richesse essentielle.

L'APR-Yaakaar salue votre attachement aux vertus du travail, parce que c'est de la sueur de vos fronts solidaires qu'émergera le Sénégal pour lequel nous nous mobilisons : un Sénégal prospère, au grand bonheur de tous ses fils et filles.

L'APR-Yaakaar est un appel urgent aux Opérateurs Économiques, créateurs de richesses et parmi les principaux acteurs de notre indispensable décollage économique. Est-il possible de faire du Sénégal un pays émergent, moderne et présent sur la scène mondiale, si cette partie essentielle des forces vives de notre nation ne bénéficie pas d'un environnement interne favorable à l'investissement et à la productivité ?

Pour répondre à cette interrogation centrale, je me permets de convoquer Mahatma Gandhi pour soutenir avec lui, je le cite : « Vouloir travailler est un désir si rare qu'il mérite d'être encouragé. C'est une condition de joie et de paix et nous devons vivre dans la joie et dans la paix », fin de citation.

L'APR-Yaakaar est un appel pressant aux Cadres, tant du public que du privé ; aux intellectuels, aux Hommes et Femmes de Culture et aux Universitaires Sénégalais.

L'APR-Yaakaar se définit comme un Projet Politique opposé à la marginalisation et au musellement de ce que notre pays possède de plus salvateur dans un contexte de mondialisation, à savoir ses intelligences, ses compétences, ses expertises, ses capacités de créativité et d'inventivité.

L'APR-Yaakaar a la profonde certitude que, pour un pays, les ressources humaines constituent le capital le plus précieux ! L'APR-Yaakaar est un appel urgent à la Diaspora sénégalaise aux profils les plus divers.

Cette Diaspora active, généreuse et profondément attachée à la terre-mère Diaspora sénégalaise d'Afrique, d'Europe, des Amériques, d'Asie et d'Océanie, tu n'es pas seulement pourvoyeuse de ressources. Ambassadrice itinérante du Sénégal ouvert au monde, tu es aussi et surtout, une des forces motrices devant promouvoir les véritables changements auxquels aspire notre peuple.

L'APR-Yaakaar est un appel urgent aux Sénégalaises et Sénégalais du 3ème âge, aux leaders religieux et aux chefs coutumiers, tous symboles de sagesse individuelle et collective, authentiques baromètres et régulateurs sociaux incontournables. À cette force morale et sociale qui inspire confiance et sérénité, lorsque le malaise, la crise et le désarroi ont fini de gagner toutes les Sénégalaises et tous les Sénégalais, l'APR-Yaakaar adresse son salut et l'exhorte à toujours demeurer la sentinelle de la stabilité et de la paix dans notre cher Sénégal.

À vous, composantes de toutes ces couches et catégories sociales, l'APR-Yaakaar lance un vibrant appel et vous convie à une vaste et profonde convergence, fondée sur des valeurs et des principes qui surplombent les clivages inutiles et les égoïsmes.

Ensemble, nous pouvons jeter les bases durables et saines de notre développement, en réhabilitant les valeurs du Travail, en créant un nouvel environnement des Affaires, favorable à l'investissement et à la création de richesse.

L'APR-Yaakaar tire sa force d'une conviction : ensemble, il est possible de bâtir un Sénégal Nouveau, Libre, Démocratique, Prospère et Généreux, pour tous ses enfants, sans exclusive. Ensemble, nous pouvons et devons asseoir des Institutions crédibles, garantes des valeurs républicaines, des règles démocratiques et impersonnelles, au nom de l'intérêt général et supérieur des Citoyens.

Chers frères et sœurs, Chers amis, l'APR-Yaakaar travaille à garantir la stabilité et la crédibilité de nos Institutions et de notre démocratie. Ensemble, nous pouvons identifier et définir un Nouvel Ordre de Priorités dont le centre de gravité est cristallisé par les attentes des Sénégalaises et des Sénégalais.

- Les Sénégalais attendent de l'État une nette amélioration de leur pouvoir d'achat ;
- Les Sénégalais attendent de l'État un système de santé plus performant et ouvert à tous les Citoyens.
- Les Sénégalais attendent de l'État un système éducatif de qualité, adapté aux mutations qui affectent notre société et le

monde ; un système éducatif soucieux du devenir de toutes ses composantes, dans un espace scolaire et universitaire apaisé ;

- Les Sénégalais attendent de l'État des politiques économiques qui promeuvent une agriculture et une industrie compétitives, bases d'un véritable développement économique et social ;
- Les Sénégalais attendent de l'État la promotion d'une Culture puisant sa force et son inspiration dans les profondes valeurs de notre peuple tout en assimilant, positivement, les apports extérieurs fécondants ;
- Les Sénégalais attendent de l'État des Infrastructures de développement qui répondent aux attentes des populations ;
- Les Sénégalais attendent de l'État une véritable politique de l'Emploi, une politique qui redonne espoir et dignité à la jeunesse des villes, des banlieues et des campagnes.
- Les Sénégalais attendent de l'État le développement équilibré et harmonieux de toutes les régions du Sénégal, grâce à une vraie politique de décentralisation et d'aménagement du territoire ;
- Les Sénégalais attendent de l'État la promotion d'un appareil administratif performant, avec des agents responsabilisés et motivés, un appareil administratif à la hauteur de nos ambitions de développement ; ce qui est tout à fait dans l'ordre du possible, au regard des ressources humaines de qualité dont recèle l'administration sénégalaise.
- Les Sénégalais attendent de l'État une vision claire pour la construction d'un pays solidaire, respectueux de ses voisins et mobilisé pour l'émergence d'une Afrique Unie, un pays actif dans le difficile combat pour l'avènement d'un monde de paix et de liberté.

Un pays dont les forces armées et de sécurité, exemplaires dans les différentes missions à l'intérieur comme à l'extérieur, œuvre résolument pour la fin des conflits meurtriers à travers le monde.

Les Sénégalais veulent, en somme, un leadership de type nouveau, qui fait du dialogue et de la concertation les vecteurs d'une politique préoccupée, au premier chef, par leur vie et par les intérêts exclusifs du Sénégal. Un leadership capable de tisser et de fédérer des consensus dynamiques pour une gouvernance partagée. Un leadership qui combat l'arrogance et la violence. Un leadership soucieux d'une gestion vertueuse des biens publics, qui refuse la confiscation de ce qui appartient à tous, par un groupe ou un parti !

Notre pays, le Sénégal, dispose d'inestimables ressources à même de surprendre encore le monde. Le Sénégal a toutes les ressources indispensables à la reconstruction de son système démocratique qui a nourri sa réputation dans le monde. Le Sénégal a toutes les ressources nécessaires à son décollage socio-économique et à sa renaissance culturelle.

Le Sénégal a toutes les ressources qui lui permettent de tisser des solidarités actives et salutaires, afin qu'aucune de ses filles, qu'aucun de ses fils, ne soit exclu ou marginalisé. Nous pouvons relever tous ces défis à une condition : assumer une nouvelle Convergence ; accepter une nouvelle manière d'être ensemble, une nouvelle manière de gérer notre diversité en la centrant, exclusivement, sur la défense de la cause et des intérêts de notre cher Sénégal.

L'APR-Yaakaar est le condensé de ces exigences nouvelles, de ce nouvel impératif à la fois national, démocratique et citoyen.

Vive le Sénégal ! Vive la République !

B. Discours de son Excellence, monsieur le président de la République à l'occasion du Colloque-hommage à Aimé Césaire du 20 mars 2013 : « Aimé Césaire : Cahier d'un retour au pays ancestral »

Je suis particulièrement heureux et fier d'accueillir, ici à Dakar, en terre africaine du Sénégal, ce colloque-hommage à l'illustre Aimé Césaire, intitulé « Aimé Césaire : cahier d'un retour au pays ancestral ». Je me réjouis très nettement que l'Organisation Internationale de la Francophonie (l'OIF) ait choisi le Sénégal pour abriter cet important colloque à l'occasion du centenaire de la naissance d'Aimé Césaire.

Ce choix, de cœur et de raison, est heureux ; il est légitime. À plusieurs titres. Terre ancestrale d'Aimé Césaire, le Sénégal est la terre natale du Président Léopold Sédar Senghor, de Cheikh Anta Diop, Birago Diop, Ousmane Sembene, Cheikh Hamidou Kane, pour ne citer que quelques-uns de ses compagnons et amis, parmi les plus illustres.

C'est, ici, au Sénégal, que s'est déroulé le 1er Festival Mondial des Arts Nègres en avril 1966 et qui a réuni toute la Diaspora Noire. Le Sénégal est également la patrie d'Alioune Diop, « le Socrate du monde noir », fondateur de « Présence Africaine » qui a agrégé toute l'intelligence créatrice des Noirs d'Afrique et de sa vaste Diaspora.

C'est ici, au Sénégal, qu'a triomphé « la tragédie du Roi Christophe », désormais confondue à l'interprétation magistrale qu'en fait le très grand Douta Seck.

C'est enfin, ici, au Sénégal qu'est né celui qui préside aujourd'hui, et de si brillante manière, aux destinées de la Francophonie, je veux nommer Son Excellence le président Abdou Diouf. Le président Diouf a sans doute voulu un rendre hommage – auquel je m'associe entièrement – à son prédécesseur et mentor le président Léopold Sédar Senghor.

Ce colloque-hommage se tient au moment où le Sénégal s'apprête à abriter le 15ème Sommet de la Francophonie, prévu en 2014. Ce Sommet est un sommet rempli de symboles et je veux en faire un moment significatif de cette francophonie des peuples, espace de solidarité économique et social, creuset d'une diversité culturelle féconde et enrichissante ; florissant de promesses quant à son riche avenir.

Ce qui, au demeurant, est conforme à la vision de ses 4 mousquetaires fondateurs qui, à l'exclusion du Cambodgien le prince Norodom Sihanouk, sont tous africains. Il s'agit du sénégalais Léopold Sédar Senghor, son principal concepteur, du président Habib Bourguiba de la Tunisie et du président Hamani Diori du Niger.

Le poète l'avait déjà dit : « Les lamantins vont toujours boire à la source ». Aimé Césaire a toujours revendiqué ses racines africaines, « ses ancêtres africains » ; toujours proclamé que l'histoire des Antilles – les grandes comme les petites – serait incompréhensible aussi longtemps qu'elle ne renouerait pas avec sa terre d'« ensemencement », de « commencement » et de « terminaison » qu'est l'Afrique.

Si le Sénégal célèbre donc aujourd'hui le centenaire de la naissance du Nègre Fondamental, disparu par un improbable petit matin du 17 avril 2008, c'est surtout à cause son lien indéfectible et inaltérable avec le Président-poète Léopold Sédar Senghor.

Car l'amitié admirable et exemplaire entre ces deux hommes qui ont marqué le XXème siècle est universellement connue. Amitié comparable, à cet égard, à celle que liait La Béotie à Montaigne. Un lien profond, intense, que Césaire rappelait systématiquement à tous ses visiteurs.

Il fut si bouleversé par la mort de son « ami fondamental » en décembre 2001 qu'il se mura pendant de longs mois dans un douloureux silence de recueillement, se refusant à évoquer en public la mémoire de l'ami disparu.

Et quand il prendra la parole, c'est pour redire son admiration pour l'ami-poète. « Tous les jours, je lis Senghor. Je le relis, et quand je le relis je retrouve tout mon drame, tout mon itinéraire, toute notre époque. Senghor est pour moi un poète fraternel », confiait-il sans cesse. Aimé Césaire a profondément aimé le Sénégal qui le lui rend au centuple. Il a visité plusieurs fois par notre pays, dont il se dit subjugué, notamment par la Casamance.

Je le cite de nouveau : « Quand avec Senghor j'étais au Sénégal, j'ai été frappé par la beauté de la Casamance, sa végétation qui me rappelait la Martinique…

« Pour m'y recevoir on a fait une grande fête à mon honneur chez la reine Sebeth et je vois arriver sur la scène une dame petite, sereine qui a l'air très gentille, mais très intelligente… J'ai failli me précipiter sur la scène pour aller embrasser la reine Sebeth tellement elle ressemblait à ma grand-mère. J'ai toujours su que nos grands-pères avaient été esclaves… »

En effet, la traite négrière, plus précisément « le souvenir de la cale » a toujours habité l'immense poète qui écrit dans *Moi, Laminaire*, œuvre de maturité et de bilan du combat de toute une vie :

« J'habite une blessure sacrée

J'habite des ancêtres imaginaires

J'habite un vouloir obscur

J'habite un long silence

J'habite une soif irrémédiable… »

Aimé Césaire était réellement et sincèrement attaché au Sénégal. En février 1976, un siècle après la déportation du dernier roi du Dahomey – le Roi Béhanzin – à Fort-de-France, dix ans après sa prodigieuse prestation devant un André Malraux ébaubi lors du 1er Festival Mondial des Arts Nègres, il invite l'ami qui l'a ouvert à l'Afrique, le Président Senghor, à venir en Martinique, « l'île veilleuse ».

Visite historique et casse-tête diplomatique. « *Ça a posé un véritable problème, se rappelle Pierre Aliker son fidèle adjoint, parce qu'un Président de la République ne pouvait pas être invité directement par la municipalité de Fort-de-France, il a fallu passer par le gouvernement français pour obtenir son accord et obtenir qu'il invitât Senghor à la Martinique* ».

Si j'ajoute que sa sœur, Madame Denise Wiltord, a été magistrat au Sénégal et que son fils Jacques Césaire a longtemps animé l'émission « kaléidoscope » à la RTS, on comprendra alors que la sénégalité, j'allais dire l'africanité d'Aimé Césaire et sa passion pour le Continent noir, ne souffrent d'aucun doute.

Aimé Césaire a mené avec le Sénégalais Léopold Sédar Senghor « à la rocade d'ivoire » et le Guyanais Léon-Gontran Damas « feu sombre toujours », le combat pour la dignité de l'homme noir sous le vocable de la Négritude.

La Négritude, qui fut et demeure un message fort et fraternel, est encore aujourd'hui d'une actualité dramatique face à une mondialisation dangereusement dé-constructive pour les identités singulières et les citoyennetés rétives.

Une certaine critique aura toujours tort, à mon avis, de voir dans la Négritude un racisme, fut – il antiraciste : la négritude est un humanisme clairement exprimé dans le Cahier d'un retour au pays natal que je cite :

« *Ne faites point de moi cet homme de haine pour qui je n'ai que haine*

Vous savez (…)

Que ce que je veux

C'est pour la faim universelle

La soif universelle

La sommer libre enfin de produire de son intimité close

La succulence de ses fruits. »

Même quand le dramaturge s'insurge, et il s'insurge toujours contre le crachat, il ne perd jamais de vue l'essentiel. Si Aimé Césaire s'est attaché avec force et lucidité à dénoncer toutes les hypocrisies, fussent-elles de bonne foi, toutes les humiliations subies, toutes les équations malhonnêtes posées, il n'oublie jamais de nous exhorter à la reconquête de nous-mêmes. De nous sommer d'être ! De nous inciter au courage, à l'espérance et au travail salvateur comme en atteste ce magnifique passage de « la tragédie du roi Christophe » : « Au plus bas de la fosse.

« C'est de là que nous crions, de là que nous aspirons à l'air, à la lumière, au soleil (...) Et voilà pourquoi il faut demander aux nègres plus qu'aux autres : plus de travail, plus de foi, plus d'enthousiasme, un pas, un autre pas, encore un autre pas... C'est d'une remontée jamais vue que je parle, Messieurs, et malheur à celui dont le pied flanche ! »

Je me plais à voir personnellement dans ce propos flamboyant, dans cette invite hardie à renouer avec *« les grandes communications »* et *« les grandes combustions »* l'expression achevée de l'ambition que j'ai pour mon pays et la tâche permanente à laquelle mon gouvernement s'attelle sans relâche et sans désemparer depuis le 25 mars 2012.

Aimé Césaire, en effet, nous demande avec insistance, nous invite avec fermeté à refuser « l'attitude stérile du spectateur », et si nous voulons avoir des chances de rémission et de rédemption, si nous voulons une émergence réellement bénéfique pour nos peuples, il nous faut toujours « revenir vers la hideur désertée de nos plaies ».

Comme le dit un philosophe sénégalais : « *il n'y a pas, pour l'Afrique, de destin forclos ; il n'y a que des responsabilités désertées* ».

Au-delà du combat pour la dignité de l'homme noir, le combat de Césaire était le combat contre toutes les oppressions.

Par-delà l'Opprimé noir, c'est pour tous les opprimés que Césaire prend la parole ; de l'homme-hindou, à l'homme-de-Harlem-qui-ne-vote-pas jusqu'aux nègres blancs d'Amérique. N'écrit-il pas dans le Cahier d'un retour au pays natal que je le cite une dernière fois :

« *Ma bouche sera la bouche des malheurs qui n'ont point de bouches, ma voix, la liberté de celles qui s'affaissent au cachot du désespoir* ».

Le vrai, constant et inébranlable combat d'Aimé Césaire et de ses amis chers est d'abord un combat pour la dignité humaine, contre les exclusions de toutes sortes, pour une humanité réconciliée avec elle – même.

Et c'est ce message qu'il faut retenir et fructifier de l'immense œuvre de l'inoubliable auteur de ce monument lyrique du 20ème siècle qu'est « *le cahier d'un retour au pays natal* », du pamphlétaire génial de l'indépassable « *Discours sur le Colonialisme* », du créateur de « *la tragédie du Roi Christophe* », d'« *Une tempête* » et d'« *Une saison au Congo* ».

Homme politique, poète, dramaturge, essayiste, penseur de haut lignage, intellectuel engagé dans les contradictions de son époque, Aimé Césaire était avant tout un humaniste, soucieux de l'homme, de tout l'homme. Il a toujours considéré que l'œuvre de l'homme n'était point finie, que l'œuvre de l'homme venait seulement de commencer.

Si, par ailleurs, il n'a pas toujours été du combat politique de la Francophonie, il a magistralement et magnifiquement illustré les valeurs universelles de la langue française au témoignage même d'André Breton, pape du surréalisme, qui a eu, pour son « ami magnétique et noir » alors seulement âgé de 28 ans, ce propos éloquent :

« Ainsi donc, défiant à lui seul une époque, où l'on croit assister à l'abdication générale de l'esprit (...), le premier souffle nouveau, revivifiant, apte à redonner toute confiance est l'apport d'un Noir.

« Et c'est un Noir qui manie la langue française comme il n'est pas aujourd'hui un Blanc pour la manier ».

Aimé Césaire, Léon-Gontran Damas et Senghor ont ouvert dans la littéraire universelle un nouveau continent : celui de la négritude avec ses divers départements : antillanité, créolité, authenticité, etc. Il fut préoccupé au plus haut point par une double blessure et une forte conviction qui sont devenues nôtres : les Antilles échouées, l'Afrique meurtrie et l'inébranlable force de regarder demain.

En ce sens, la vie et l'œuvre de Césaire résonnent comme un manifeste avec ses fulgurances essentielles et ses générosités fécondes.

Aimé Césaire, prophète du monde noir, a toujours su être du côté de l'espérance, une espérance conquise et lucide, tout en nous mettant en garde, dans un contexte mondialisé, contre deux manières de nous perdre :

Par ségrégation murée dans le particulier par dilution dans l'universel, il fut un paraclet. Au sens de celui qui réveille et celui qui encourage. Celui qui somme l'homme d'accomplir sa tâche d'homme et de s'accomplir lui-même, en accomplissant sa propre pensée. Avec sa disparition l'Afrique a perdu un ami, les Antilles un Conducteur, et le Monde l'une de ses dernières consciences universelles. Je vous remercie de votre aimable attention.

C. Discours du président de la République, recevant les intellectuels et artistes du Sénégal le 6 janvier 2014

« Mesdames, Messieurs,

Chers Compatriotes,

Permettez-moi d'abord de sacrifier à une bien agréable coutume en vous présentant mes vœux les meilleurs. Vœux de paix et de santé. Que l'année 2014 soit pour tous les artistes et intellectuels de notre pays une année féconde d'éclosion de leurs productions artistiques et intellectuelles. Si vous n'êtes la totalité de l'intelligentsia sénégalaise, vous en êtes une fraction représentative.

Il y a là des universitaires, des écrivains et poètes, des architectes, des cinéastes, des artistes, des observateurs avertis de la scène politique : tous, travailleurs de l'intelligence, du savoir ; tous, penseurs du Bien et du Beau.

Je suis vraiment heureux de vous recevoir en ce lieu avec lequel beaucoup parmi vous et ceux qui vous ont précédé ont eu des relations conflictuelles, car je sais que le rapport du pouvoir avec les intellectuels n'est pas simple : ce n'est pas un long fleuve tranquille.

Mais, vous n'en êtes pas moins les dignes héritiers de "Présence Africaine", plus que la maison d'édition fondée par Alioune Diop, le lieu de rendez-vous des écrivains et des artistes noirs du monde entier qui ne manqua pas d'apporter à la fois un discours sur l'Afrique par des Africains, sous-tendu par une méthode de pensée universelle, et une action au service de la pensée.

C'est cet héritage qu'il faut absolument vivifier, pour la Renaissance africaine, sûrement, mais avant tout pour l'émergence de notre pays et son leadership sur le continent. Voilà pourquoi cette première rencontre, hautement symbolique, est bien singulière.

En effet, il n'est pas courant, surtout en Afrique, qu'intellectuels et pouvoir politique se réunissent fraternellement autour d'un même banquet pour réfléchir ensemble sur l'avenir de notre destin commun.

L'intellectuel est celui qui travaille à rendre intelligibles nos réalités souvent opaques ; à instaurer un débat fécond et heuristique ; à tirer la sonnette d'alarme en cas de périls majeurs, car *"Le service de la vérité est le plus dur des services"*, a dit Nietzsche.

Je l'ai dit à Strasbourg, devant le Parlement européen, je le réaffirme ici avec force : *"après le discours du monde et de l'Europe sur l'Afrique, j'ai la pleine conscience de l'urgence pour l'Afrique de produire un discours sur elle-même.*

Inventer un discours africain sur l'Afrique, c'est, dans un même mouvement, déconstruire la part idéologique des modèles théoriques et réinterroger positivement les modèles et les paradigmes. J'ai aussi conscience, dans cette quête, des défis à relever en ces temps où, sous l'effet combiné de la crise et d'une compétition effrénée, la tentation du repli sur soi est si forte".

Nous avons besoin de nous arc-bouter sur des valeurs revisitées, ancrées dans notre histoire et butinant le pollen fécond des vents ultramarins. Nous avons besoin de fraternelles utopies et de grands métarécits. Personne n'est mieux placé que vous pour participer fortement à cette œuvre de régénération et de renaissance africaines.

Aussi, je vous réaffirme, ici, avec quelque solennité, toute ma détermination à vous accompagner dans votre œuvre difficile et exaltante.

Non pas seulement en ma qualité de Premier protecteur des Arts, des Lettres et des Artistes, mais aussi parce que j'ai la claire conscience de la richesse et de la diversité de nos intelligences qui se sont illustrées dans tous les secteurs du vaste domaine du Savoir, du Savoir-faire et de la production des œuvres de l'esprit.

Par ailleurs, force est de constater que les intellectuels ne prennent pas toujours toute la place qui est la leur ! J'encourage fortement le débat d'idées et à cet effet, je suggère la création de lieux de rencontres, de groupes pluridisciplinaires pour animer l'espace public.

Pourquoi pas la création d'un club transpartisan qui sera un lieu de rencontres de haut niveau pour perpétuer les traditions intellectuelles de ce pays ?

Soyez rassurés que je ne ménagerai aucun effort pour vous accompagner dans cette quête de rationalité, de renouveau des idées et d'affirmation de notre idéal intellectuel et esthétique !

Mesdames, Messieurs, Chers Compatriotes,

Pour construire ensemble un Sénégal émergent, libre et prospère dans une Afrique unie, je n'ai pas peur des défis, car je pense, avec Hölderlin, que "**là où croît le danger, gît aussi ce qui sauve**". J'ajoute que nous ne serions que mieux armés si nous mettions en avant les deux principes que voici :

Premièrement – rien n'est possible sans le respect de la République et de ses Institutions, de la Démocratie et de ses Principes ;

Deuxièmement – rien n'est possible sans un minimum de consensus. Il y va de la responsabilité et de la liberté de tous.

La résolution des maux qui nous gangrènent, dont les effluves de la pestilence offusquent nos narines, exige la totalité de nos efforts ; que de notre aptitude d'abord à bien les penser – et je compte sur vous – dépendra notre capacité à inventer un futur habitable, un Sénégal enfin réconcilié avec lui-même.

Je vous encourage à continuer d'instruire sans relâche le procès de notre propre société, afin d'exorciser nos démons, nos maladies, nos lâchetés, nos turpitudes avérées et nos mimétismes coupables. Nos courages d'aujourd'hui feront nos forces de demain.

Encore une fois BONNE ANNÉE 2014 et BON APPÉTIT ! »

D. Discours de son excellence Monsieur Macky Sall, président de la République du Sénégal devant le Parlement européen, Strasbourg, 9 octobre 2013

Mesdames, messieurs,

En me recevant en cette séance solennelle du Parlement européen, expression plurielle de votre tradition démocratique, vous faites honneur au peuple sénégalais. Je remercie le Président SCHULZ, pour son aimable invitation et l'accueil si convivial qui m'a été réservé, ainsi qu'à la délégation qui m'accompagne, dont les deux Présidents des Groupes Parlementaires de la majorité et de l'opposition. J'apprécie à sa juste valeur la précieuse contribution de votre Institution au renforcement des capacités de travail de l'Assemblée nationale sénégalaise.

Je me réjouis d'être dans ce haut lieu symbolique de l'harmonie et de la richesse de la diversité européenne ; ici, à Strasbourg la biculturelle, capitale de l'Europe et ville-phare du Grand Est français où convergent l'Europe des institutions et où se façonne son destin collectif.

Je m'adresse à vous venant d'un pays ami de l'Europe, qui partage avec elle les valeurs essentielles de paix, de liberté, de démocratie, de respect des droits de l'homme et de la diversité ; valeurs dont la force et la pérennité tiennent à leur universalité.

Ces valeurs, nous les avons portées ensemble pendant nos dernières échéances électorales, avec l'accompagnement de l'Union européenne : de la réforme de nos instruments électoraux à la publication des résultats.

Au nom de nos idéaux universels et communs, je renouvelle mes félicitations à l'Union européenne, pour le Prix Nobel de la Paix qui lui a été fort justement attribué l'année dernière. Ce choix porte le symbole du dépassement et de la réconciliation, au service de la paix et du développement.

Car l'Europe, qui a connu la guerre, a su faire la paix pour se consacrer à la seule œuvre humaine qui vaille : celle du développement économique et social, dans l'unité et la stabilité. Pour la paix.

Au commencement, il y eut la Communauté Européenne du Charbon et de l'Acier (CECA) dont le projet était de rendre la guerre « non seulement impensable, mais aussi matériellement impossible » selon la formule de Robert Schuman

De la Communauté Européenne du Charbon et de l'Acier de six nations à l'Union européenne de 28 nations, un long chemin a été parcouru qui a vu l'Europe se reconstruire avec patience et rigueur, au prix d'un vigoureux discours sur elle-même.

C'est dire que votre trajectoire est une source d'inspiration et un message d'espoir : quand la volonté se conjugue avec la persévérance, la guerre et le sous-développement cessent d'être une fatalité, puisqu'il n'y a pas de fatalité, mais seulement des responsabilités désertées.

Source d'inspiration, ai-je dit, car après le discours du monde et de l'Europe sur l'Afrique, pour paraphraser Arnold Toynbee, j'ai la pleine conscience de l'urgence pour l'Afrique de produire un discours sur elle-même.

Inventer un discours africain sur l'Afrique, c'est, dans un même mouvement, déconstruire la part idéologique des modèles théoriques et réinterroger positivement les modèles et les paradigmes. J'ai aussi conscience, dans cette quête, des défis à relever en ces temps où, sous l'effet combiné de la crise et d'une compétition effrénée, la tentation du repli sur soi est si forte.

À se replier sur eux-mêmes, les peuples comme les civilisations « s'étiolent et meurent », car ils oublieraient ainsi les nécessaires solidarités à la fois horizontales et verticales dans la complémentarité et l'interdépendance si caractéristiques de notre modernité.

Comment, dans ce contexte, l'Europe et l'Afrique pourront-elles bâtir, ensemble, les fondements d'un partenariat revitalisé, porteur de stabilité, d'opportunités et de prospérité mutuellement bénéfiques ?

La réponse est double. Il y a d'abord la méditation sereine de la singularité de notre histoire commune faite de larmes et de sueurs, des peines et des joies, d'ombre et de lumière. Il y a, ensuite, que l'Afrique et l'Europe sont « liées par le nombril » ; des liens tissés par l'histoire et « multipliés par la géographie » de part et d'autre de l'Atlantique et de la Méditerranée.

Il y a, enfin, cette dialectique relationnelle où il y a autant un besoin d'Europe en Afrique qu'un désir d'Afrique en Europe.

Mesdames et messieurs,

Nos destins sont de nouveau solidaires. Une Europe en crise est assurément une mauvaise chose pour l'Afrique. Et une Afrique affaiblie ou appauvrie ne fait pas, non plus, l'affaire de l'Europe.

L'épisode douloureux que vient de vivre le Mali, avec ses répercussions sur le Sahel et au-delà, en témoigne. Sans l'intervention salutaire de la France, combinée avec les forces africaines, à la demande du Gouvernement malien, le Sahel et la sous-région seraient aujourd'hui assujettis aux forces obscurantistes d'un autre âge.

L'Europe et l'Afrique ne peuvent pas laisser le Sahel à la merci du terrorisme, des prises d'otages, du trafic de drogue et d'autres formes de criminalité transfrontalière.

Il s'agit, ici et maintenant, prenons la pleine mesure des enjeux de la situation au Sahel. Sans la paix et la sécurité humaine, tout devient fragile et aléatoire : la démocratie, l'État de droit, le développement économique et social, etc.

S'il y a nécessité de payer le coût de la guerre quand elle est inévitable, l'effort de reconstruction dans la paix et la démocratie retrouvées devient un impératif catégorique. Je souhaite, en conséquence, que l'Europe et l'Afrique, dans le respect de leur souveraineté propre, engagent un véritable chantier de paix et de sécurité, dans une dynamique de prévention, pour le renforcement des moyens de défense, de contrôle et de surveillance des frontières dans l'espace sahélo-saharien.

Je souhaite que le Sommet de l'Élysée de décembre prochain, de même que la Conférence Afrique-Union européenne d'avril 2014, nous offrent l'occasion de définir une stratégie à long terme dans ce sens.

À l'orée de la deuxième décennie du 21e siècle, voilà que le monde traverse une crise qui fait vaciller des économies jusque-là prospères. Malgré une conjoncture difficile, l'Europe garde son statut de premier partenaire d'une Afrique dépositaire du tiers des ressources naturelles du monde, disposant d'une jeunesse vive et d'un poids démographique non négligeable, et qui se présente désormais comme l'un des marchés les plus prometteurs de l'avenir.

De part et d'autre, une occasion historique s'offre donc à nous de raffermir nos relations, de stimuler le commerce et l'investissement pour plus de croissance, d'emplois et de prospérité partagée. Dans un contexte d'ouverture et de compétition, il nous faut, aussi, garder à l'esprit les changements qui ouvrent l'Afrique au reste du monde et le reste du monde à l'Afrique.

C'est en améliorant nos procédures et nos méthodes, en réduisant les délais de conception et de réalisation de nos projets et programmes que nos performances seront à la hauteur de nos ambitions et des nouvelles réalités du monde. En même temps, travaillons ensemble pour mener à bien les négociations des Accords de Partenariat Économique (APE).

Ce chantier, chers amis, n'est pas des plus faciles. Vu d'Afrique, il suscite inquiétudes et interrogations, pour l'impression qu'il donne de remettre en cause une solidarité « préférentielle » entretenue depuis des lustres.

La crainte est en effet grande que les Accords envisagés affectent négativement nos recettes budgétaires et mettent à mal un tissu industriel en gestation.

Mais, entre partenaires de bonne volonté et de généreuse intelligence, je veux croire que les moyens existent de parvenir à nos fins communes, par le dialogue et la concertation, pour cerner l'impact des APE et définir les mesures d'accompagnement prévisibles et efficaces qu'appellent nos engagements.

La Communauté Économique des États de l'Afrique de l'Ouest s'y prépare, avec la tenue, au cours de ce mois d'octobre, d'un Sommet extraordinaire à Dakar. C'est l'occasion pour moi de saluer de nouveau le travail remarquable que l'Assemblée Parlementaire Paritaire ACP-UE mène dans ce sens.

J'ai foi dans une coopération euro-africaine renouvelée, mettant au cœur de ses priorités l'accès à l'énergie, la modernisation de l'agriculture, le développement des infrastructures, l'éducation, la formation et l'emploi des jeunes. Favoriser la formation et l'emploi des jeunes ne relève pas seulement d'un idéal de justice sociale.

C'est aussi et surtout se prémunir en prémunissant la jeunesse d'une marginalisation qui alimente les réseaux d'émigration clandestine et fait le lit de dérives extrémistes.

Au cœur de l'Europe, je n'insisterai pas sur le rôle de l'énergie et des infrastructures comme accélérateurs de croissance et d'intégration. C'est une voie obligée pour l'Afrique. Et c'est l'objet du Programme pour le Développement des infrastructures en Afrique (PIDA), dont 51 projets prioritaires pour un coût global de 68 milliards de dollars dans la période 2012-2020.

En tant que Président du Comité d'orientation du NEPAD, j'invite nos partenaires européens, qui connaissent l'Afrique mieux que tout autre continent, à se joindre à nous dans la réalisation de cette nouvelle initiative par l'investissement et un partenariat gagnant-gagnant, à travers des mécanismes de financement novateurs.

Monsieur le président,

Honorables députés,

Lorsque mes concitoyens m'ont investi de leur confiance l'année dernière, après deux tours de scrutin âprement disputés, j'ai eu la conscience encore plus acérée que ce choix traduisait une forte aspiration au changement dans la gouvernance publique du pays et une marche plus résolue vers le développement.

Avec mon équipe, je me suis attelé à la tâche par la mise en œuvre d'un vaste programme de bonne gouvernance et de réforme institutionnelle pour consolider notre tradition démocratique, promouvoir le développement et une meilleure justice sociale. C'est à ce titre que j'ai accepté la réduction du mandat de sept ans (pour lequel j'ai été élu) à cinq ans, renouvelable une seule fois.

Je suis profondément convaincu que la démocratie, la bonne gouvernance, le développement et la justice sociale vont de pair et se renforcent mutuellement. Dans cette marche du Sénégal vers le progrès, il y a une place pour l'Europe et chacune de ses nations ici représentées par vous, au nom de notre Communauté de nos destins, de l'universalité de nos valeurs partagées, adossées à fidélité à l'amitié qui nous unit.

Je vous remercie de votre aimable attention.

E. Plan Sénégal Émergent (PSE) : Discours du président Macky Sall à l'occasion de la rencontre avec les bailleurs de fonds à Paris, le 24 février 2014

« Chers amis,

Je souhaite d'abord saluer et remercier les Autorités françaises, pour les facilités apportées à la tenue de ce Groupe consultatif. Je remercie également le Groupe de la Banque Mondiale et le Programme des Nations-Unies pour le Développement, pour le temps et les efforts consacrés, à nos côtés, aux préparatifs et à l'organisation de la rencontre », a dit le Président Macky dans son discours au Groupe consultatif de Paris que Ndarinfo.com vous livre en intégralité.

« Merci à vous tous, mesdames, messieurs, partenaires institutionnels et du secteur privé, d'être venus, nombreux, répondre à notre invitation, et échanger avec nous autour de notre vision et de nos priorités de développement économique et social. J'ai tenu à participer personnellement aux travaux de ce Groupe consultatif, pour deux raisons. D'abord, pour marquer toute l'importance que j'accorde à ce dialogue ouvert et constructif avec nos partenaires.

« Ensuite, pour présenter le Plan Sénégal Émergent (PSE), un nouveau programme de développement économique et social que nous voulons lancer avec votre soutien, suite à un diagnostic critique de notre rythme de croissance économique, à partir de nos forces et faiblesses.

D'un côté, il y a nos forces et nos potentialités :

- Une position géographique, qui fait du Sénégal une porte d'entrée de l'Afrique de l'Ouest, ouverte sur l'Europe et les Amériques, dans un marché de plus 300 millions de consommateurs, au sein de la Communauté Économique des États de l'Afrique de l'Ouest ;

- La stabilité politique et sociale du Sénégal, héritée d'une longue tradition de démocratie et d'harmonie au sein de la Nation sénégalaise ;
- La stabilité de notre cadre macro-économique ;
- Un potentiel en ressources humaines et naturelles que nous voulons davantage valoriser. Mais de l'autre côté, le diagnostic nous met face à nos limites, qui sont, pour l'essentiel :
- La faible productivité du secteur informel, qui occupe une partie importante de l'économie ;
- Notre vulnérabilité aux chocs exogènes ;
- La faible rentabilité de nos investissements publics, pourtant parmi les plus élevés de la sous-région ouest-africaine ;
- Et, enfin, le retard accusé dans la réforme de certains secteurs indispensables à la compétitivité de l'économie.

En définitive, nous sommes parvenus au constat que notre taux de croissance actuel, à 4,6 %, est certes relativement appréciable, mais qu'il est encore bas et erratique pour induire les changements substantiels de nature à modifier qualitativement les conditions de vie de nos populations. Nous avons, par conséquent, décidé de changer de vision et de paradigmes, pour relever le niveau et accélérer le rythme de notre croissance économique. Voilà ce qui a été à l'origine du PSE.

Nous avons mis à contribution plus de 200 Sénégalais, de hauts fonctionnaires de l'Administration, ainsi que des personnes ressources du secteur privé, de la société civile et de la diaspora sénégalaise pour conceptualiser ce Plan pendant de longs mois. Je leur renouvelle tous mes remerciements.

Le Plan Sénégal Émergent repose sur un trépied :

- Susciter la transformation de la structure de l'économie sénégalaise, dans le sens de soutenir une dynamique de croissance forte, durable et inclusive ;
- Élargir l'accès aux services sociaux et la couverture sociale et préserver les conditions d'un développement durable ;
- Et enfin, répondre aux exigences de bonne gouvernance, à travers le renforcement des Institutions et la promotion de la paix, de la sécurité et de l'intégration africaine.

Le PSE n'est pas sorti du néant. Il tire sa substance de la Stratégie Nationale de Développement Économique et Social, mais en lui donnant une dynamique opérationnelle devant mener à notre objectif de croissance économique accélérée, dans le respect des engagements convenus avec nos partenaires techniques et financiers.

Il s'inspire de la gestion axée sur les résultats, et intègre les besoins d'une croissance forte et génératrice d'emplois.

Avec le PSE, nous recherchons un renouveau productif du Sénégal, fondé, à terme, sur plus de partenariat et moins d'aide, par l'exploitation optimale des secteurs stratégiques de notre économie, qui portent la croissance et l'emploi, notamment l'agriculture, les infrastructures, l'énergie, les mines, le tourisme, les Tic et l'habitat.

Dans chacun de ces domaines, nous avons des besoins à satisfaire, mais également des opportunités d'investissements et de partenariats à offrir. L'équipe ministérielle qui m'accompagne vous entretiendra de chacun de ces secteurs au cours des sessions qui vont suivre. Je me limiterai ici à trois piliers majeurs du volet économique du PSE :

Nous voulons produire plus et mieux, pour atteindre l'auto-suffisance alimentaire et pour exporter.

Nous avons les ressources humaines, foncières, hydriques et des avantages comparatifs pour satisfaire cette ambition, mais il nous faut davantage moderniser et réorganiser notre agriculture. C'est l'objet du programme de mécanisation en cours du secteur et de réforme de notre système foncier, afin de concilier les besoins de l'exploitation traditionnelle et les performances de l'agro business, pour une production à grande échelle.

En changeant de méthodes pour plus de productivité, nous voulons aussi surmonter les préjugés qui entourent le métier d'agriculteur.

Contrairement aux idées reçues, l'agriculture n'est pas une affaire de pauvre, qui s'impose par défaut, lorsqu'aucun autre choix n'est possible.

Tout au contraire, lorsqu'elle est valorisée et structurée, c'est un métier noble, qui permet au producteur de gagner dignement sa vie et de contribuer à la prospérité de la Nation.

Sur ce volet, je souhaite que le Président Kufuor, qui nous rejoindra tout à l'heure, partage avec nous l'expérience qui lui a valu la distinction du World Food Prize 2011. S'agissant des infrastructures, nous poursuivons nos efforts à trois niveaux.

D'abord, la densification du réseau routier, avec 33 projets majeurs en cours, y compris la réalisation de pistes pour désenclaver certaines zones rurales et faciliter l'accès des produits agricoles au marché. Ensuite, la réalisation de nouveaux projets d'autoroutes à péage, domaine dans lequel nous avons déjà une expérience concluante de partenariat public-privé ; le développement de nouveaux projets portuaires, notamment le Port minéralier de Bargny-Sendou, et aéroportuaires, dont l'aéroport international Blaise Diagne en cours de finition.

Enfin, la rénovation de notre réseau ferroviaire et son extension vers des zones d'exploitation minière, notamment le fer et le phosphate.

Le troisième pilier que je veux évoquer concerne l'énergie : ce secteur, qui constitue sans doute un des facteurs de vulnérabilité de notre économie, nécessite des réformes sans délai. Nous avons, par conséquent, engagé son redressement. Des mesures hardies ont déjà été prises pour améliorer la gouvernance de la Société Nationale d'Électricité : notamment par l'élimination progressive des locations de générateurs coûteux en combustible, la limitation des subventions et la généralisation, à terme, des lampes de basse consommation.

En même temps, nous poursuivons la diversification des sources, en combinant les énergies fossiles et les énergies renouvelables pour tirer parti des variations de coûts.

Nous avons enfin, pris l'option de la production privée par IPP (Independent Power Producer), afin d'accroître les capacités de production. Nous avons déjà entamé l'amélioration de la qualité du transport et de la distribution, pour la fourniture de l'électricité à de meilleurs coûts.

Mesdames-Messieurs,

Notre ambition pour le renouveau productif du Sénégal, c'est aussi la volonté que nous avons de promouvoir, autant dans les textes que par les actes, une meilleure gouvernance politique, administrative et financière de notre pays. Nous voulons, par une révolution des mentalités et des habitudes, poser les fondements durables de la bonne gouvernance, par une rupture en profondeur dans nos rapports individuels et collectifs avec le service et le bien publics.

Voilà pourquoi, après ma prise de fonction il y a bientôt deux ans, j'ai voulu susciter un nouvel état d'esprit qui fait de la transparence et de la reddition des comptes la quintessence même de la gestion des affaires publiques.

C'est le sens de la déclaration de patrimoine que j'ai faite après mon élection, et de la réforme institutionnelle que j'ai initiée, pour mettre notre système démocratique aux standards internationaux les plus exigeants, dans la stabilité et la modernité des Institutions républicaines.

Cette réforme ramènera à cinq ans, renouvelables une seule fois, le mandat de sept ans pour lequel j'ai été élu. Elle sera d'application immédiate.

En outre, nous avons engagé un vaste chantier d'assainissement de la gestion des finances publiques. Au nombre des mesures déjà en cours d'exécution, il y a l'exploitation de rapports d'audit jusque-là restés sans suite, la réactivation de la Cour de répression de l'enrichissement illicite, la création de l'Office national de lutte contre la fraude et la corruption (OFNAC) et l'adoption du Code de transparence dans la gestion des finances publiques.

À ce dispositif, s'ajoute la loi portant déclaration de patrimoine pour les présidents d'Institutions, les ministres, les ordonnateurs de dépenses et administrateurs de crédits d'un montant d'un milliard de FCFA au moins (soit environ deux millions de dollars).

Dans le même sens, nous avons réduit et rationalisé nos structures administratives, audité notre fonction publique et pris des mesures pour réduire le train de vie de l'État, y compris les dépenses en téléphone et logements administratifs. Ces mesures devraient générer près de 80 millions de dollars d'économies budgétaires pour l'année 2014.

Tous les actes posés dans le sens de la sauvegarde du bien public seront poursuivis sans relâche. C'est une option irréversible. Nous voulons un État moins dépensier dans son fonctionnement, plus généreux et plus efficace dans les investissements publics ; et un État moins jacobin dans ses rapports avec les collectivités de base.

Dans ce sens, nous voulons, par l'Acte III de la décentralisation que nous venons d'adopter, favoriser la territorialisation des politiques publiques pour valoriser le potentiel des terroirs dans des pôles de développement local plus rationnels et plus viables.

Nous voulons une société plus juste et plus inclusive ; une société qui donne à chacun de ses enfants, quelle que soit son origine sociale, la chance de réaliser son rêve, par une éducation et une formation de qualité, répondant à ses ambitions et à ses aptitudes. Nous voulons une société plus équitable ; une société qui, au-delà de la parité hommes/femmes instaurée dans nos Instances électives, ouvre à sa composante féminine la diversification des compétences et des postes de responsabilité.

Nous voulons une société plus solidaire ; une société où la croissance et la prospérité ne sauraient être une fin en soi, mais aussi un levier pour élargir les services sociaux de base et servir de rempart contre l'exclusion sociale, qui fait le lit des frustrations et des dérives extrémistes. C'est ainsi que nous avons initié la Couverture Maladie Universelle, pour l'accès de tous à un minimum de soins de santé, et les Bourses de Sécurité familiale, en soutien aux couches sociales les plus vulnérables.

Mesdames, Messieurs, En ces temps qui courent, je sais que le regard optimiste du monde sur l'Afrique est quelque peu troublé par les situations conflictuelles qui mobilisent l'attention et le soutien de la communauté internationale. Oui, là où il y a péril, faisons en sorte que la paix, la sécurité et la démocratie soient restaurées. Mais pour autant, parlons aussi des trains qui arrivent à l'heure et relevons les défis sécuritaires dans une approche inclusive et intégrée. Œuvrons ensemble pour que ne soit oubliée l'Afrique tranquille ; l'Afrique debout, résiliente, et résolument engagée sur la voie de la paix, de la stabilité, de la démocratie et du développement ! Cette Afrique-là ne veut pas se résoudre à la promesse du Continent d'avenir. Elle veut aussi être le Continent du présent.

Cette Afrique n'est pas une part des problèmes du monde. Elle est une part des solutions aux problèmes du monde. C'est en elle que se reconnaît le Sénégal. Et nous pensons que cette Afrique mérite d'être davantage entendue et soutenue.

Nous sommes conscients que la voie combinée de la démocratie et de la croissance accélérée pour une société solidaire et ancrée dans la bonne gouvernance est une œuvre de longue haleine. Elle nous assigne des devoirs difficiles, parce qu'il y aura toujours des performances à améliorer, des obstacles à lever, des erreurs à corriger, et des remises en cause qui exigeront des réformes. Ces devoirs, nous les assumerons pleinement. Et nous sommes sûrs que c'est la voie obligée du progrès.

À cette fin, nous mettrons en place une Delivery Unit au sein de mon Cabinet, articulée à la Primature et aux points focaux des Ministères, pour assurer le suivi-évaluation du Plan Sénégal Émergent, tant au niveau de l'orientation stratégique que du monitoring des projets. Nous savons, enfin, que la quête de l'émergence relève d'abord de notre propre responsabilité. C'est pourquoi le financement du Programme d'Action Prioritaire du PSE sera assuré par le Sénégal, à hauteur de 69 %.

Avec vous, partenaires officiels et privés, nous souhaitons mobiliser le soutien et les investissements nécessaires pour nous accompagner vers l'objectif ultime du Plan Sénégal Émergent. L'objectif ultime, c'est de nous passer de l'aide, par la vertu du partenariat. C'est la volonté qui nous anime. C'est notre raison d'être ici. Et c'est, enfin, le sens du message que je souhaitais vous transmettre aujourd'hui.

Je vous remercie de votre aimable attention. »

F. Cérémonie de lancement du Projet Pôle de Développement de la Casamance (PPDC)

Allocution de son excellence monsieur Macky Sall, président de la République du Sénégal, Ziguinchor, le 17 mars 2014

Chers compatriotes de la Casamance,

Je suis heureux, à plus d'un titre, d'être, de nouveau, parmi vous. Parmi vous, au cœur de cette Casamance, si chère à nos cœurs, verte comme l'espérance, cette héroïque vertu, pour vous délivrer un message d'espoir et de paix.

Au nom de la Nation toute entière, je suis heureux de partager ce message historique, prélude à une aube nouvelle, en ce jour très hautement symbolique de baptême de l'université de Ziguinchor qui porte le nom d'un illustre fils de la Casamance et du Sénégal, le regretté Professeur Assane Seck, et du lancement du Projet Pôle de Développement de la Casamance (PPDC). Ce dont je me réjouis profondément. Votre mobilisation démontre votre engagement résolu à m'accompagner dans la construction d'une paix réelle et définitive, facteur de prospérité durable dans cette belle région naturelle du Sénégal. Je voudrais, du fond du cœur, vous remercier de votre accueil mémorable et si chaleureux.

Mes très chers compatriotes de Casamance : de Gouloumbou à Diogué et de Sénoba à Mpack,

Mesdames, Messieurs, mes très chers compatriotes,

La Casamance est une priorité nationale. C'est un dossier/pilier de mon mandat.

La Casamance est au cœur de ma politique ; donc au centre des préoccupations des pouvoirs publics et de l'action gouvernementale. C'est pourquoi je conçois ma visite comme un rendez-vous avec l'Histoire.

Elle prend date avec un futur riche d'avenir et de promesses, au regard de cette paix globale qui approche. « *La paix, a dit le grand historien Joseph Ki-Zerbo, n'est pas l'absence de guerre : à l'instar de la santé, la paix est le bien des biens sans lequel on ne peut jouir des autres biens* ».

C'est cette paix-concorde que nous devons ensemble construire dans le respect de la dignité de tous les acteurs, mais aussi, et surtout, sur un véritable développement territorial. Un développement inclusif, participatif, solidaire et durable qui intègre et valorise toutes les localités.

En marquant mon souci de donner un contenu économique à notre politique de décentralisation, par l'Acte III, de même que mon ambition de faire du Sénégal un pays Émergent, par la valorisation optimale de l'espace national, j'avais décidé, le 28 juin 2012, lors du Conseil des ministres délocalisé à Ziguinchor, de faire de la Casamance le Pôle expérimental de la territorialisation des politiques publiques, ce qui avait suscité un nouvel espoir pour la stabilité et le bien-être des populations.

Ma visite d'aujourd'hui est celle d'une promesse tenue, d'une volonté et d'une ambition matérialisées dans les faits. La nouvelle stratégie d'intervention que j'ai bâtie pour la Casamance s'articule autour du Concept-programme RRDD : Réconciliation, Reconstruction et Développement Durable.

Réconciliation des esprits et des cœurs, reconstruction d'une région troublée et meurtrie, articulées à un développement équitable parce que durable. Cette nouvelle stratégie prend en compte, de manière holistique, tous les secteurs : agriculture, infrastructures, industrie, éducation et formation, mais aussi santé, tourisme et culture. Le projet de Pôle de Développement de la Casamance (PPDC) est financé à hauteur de 23 milliards de FCFA, dont 20 milliards par la Banque mondiale et une contrepartie de l'État, de 3 milliards.

Ce Projet, précurseur de la territorialisation des politiques publiques, que nous lançons ce matin, vise, entre autres, la redynamisation de l'économie locale par la revitalisation de l'agriculture, en particulier de la riziculture ; le renforcement des pistes de production rurale ; ainsi que la consolidation de la paix, par l'appui à la réinsertion socio-économique des ex-combattants et à la promotion de l'emploi, surtout celui des jeunes.

Il s'agit, fondamentalement, d'une part, de réhabiliter 30.000 ha de rizières, avec, à terme, en 2018, un objectif de production de 260.000 tonnes de riz et, d'autre part, de promouvoir l'horticulture par l'aménagement de 3000 ha de périmètres maraîchers.

En outre, 350 km de pistes seront réalisés, pour la desserte des grands centres urbains, et 200 km de routes rurales réhabilitées, favorisant ainsi l'emploi local avec l'initiation des travaux à haute intensité de main d'œuvre.

L'implantation imminente de la plateforme commerciale de Bignona permettra d'optimiser les chaînes de valeur mises en place.

Le Pôle Territoire Émergent Casamance qui dispose, désormais, d'une stratégie multisectorielle intégrée, couvre les trois (3) régions administratives et les neuf (9) départements de la région naturelle.

C'est le lieu remercier la Banque mondiale pour cet appui considérable et diligent au renforcement des activités économiques et sociales, et aussi l'occasion pour moi de saluer les efforts inlassables de tous les partenaires techniques et financiers du Sénégal, des pays frères et voisins (Gambie, Guinée Bissau), des pays amis qui ne ménagent aucun moyen pour soutenir la dynamique irréversible de paix et de développement en cours.

Mesdames, messieurs,

La paix durable est une quête inlassable de la nécessaire quiétude sans laquelle rien n'est réalisable et avec laquelle tout devient possible. Dans cette perspective, et au profit de cette quête, ma Vision de la Casamance implique, pour son accomplissement effectif, le double impératif de la mise en œuvre consensuelle d'un Programme de Développement intégré du Pôle Territoire Casamance, d'une part et d'une harmonisation des interventions pour consolider la dynamique de paix par le développement, d'autre part.

C'est tout le sens de ma décision réaffirmée, lors de la Conférence des partenaires pour le Développement durable de la Casamance de ce matin, concernant la mise en place d'un Plan d'Actions Stratégiques de l'État en Casamance (PASEC) et d'un cadre unifié des programmes et projets des intervenants en Casamance.

Car, pour chaque partenaire, l'État en premier, il s'agit de rationaliser, en interne, ses projets sectoriels dans la zone. Il est surtout requis une standardisation des procédures et des indicateurs de performances des programmes, en vue d'orienter nos interventions dans une logique systémique et systématique de résultats à évaluer de façon périodique.

Dans ce sens, j'ai également décidé de la création d'une Agence Territoriale de Développement de la Casamance qui prendra en charge, dans l'esprit fondateur de l'Acte III, le développement solidaire de tous les départements.

De surcroît, l'État, en rapport avec tous les acteurs territoriaux, va intensifier ses investissements et les travaux de désenclavement interne et externe de la région. Sur le plan des infrastructures, je vous annonce la réalisation, à partir de 2014, des travaux d'aménagement et de bitumage de la Boucle du Boudier (Sédhiou-Kamoya-Marsassoum-Djibabouya-Niassène-Singuèr-

Djiribi-Bambali-Sédhiou) d'environ 150 km et des pistes de production reliant les Kalounayes (sur 74 km).

À cela, il faut ajouter la réhabilitation des travaux engagés sur la Boucle du Blouf et leur extension à toutes les localités polarisées, la construction des nouveaux ponts de Ziguinchor, de Katakalousse, de Niambalang et de Marsassoum, dont les financements sont déjà acquis auprès des partenaires de la République populaire de Chine.

Car, je mesure, très chères populations, votre impatience légitime s'agissant de la finalisation du Pont de Kolda et de la route nationale 6 (RN 6), projets exécutés dans le cadre du MCA.

À ce titre, j'ai demandé au Gouvernement et aux parties prenantes d'accélérer les travaux et de lever, dans le consensus et dans les meilleurs délais, toutes les contraintes locales signalées. Par ailleurs, je réaffirme, ici, ma volonté d'assurer une navigabilité sécurisée du Fleuve Casamance, avec le déploiement des projets de dragage et de balisage du cours d'eau, et de désenclavement des îles, que le Gouvernement doit entamer avec célérité.

De plus, j'ai le plaisir d'indiquer aux populations, notamment celles des îles, la fonctionnalité très prochaine de l'ouvrage d'accostage de Carabane et j'ai demandé au Premier ministre de veiller à la desserte de cette infrastructure stratégique, par le Navire Aline Sitoe DIATTA, dont je demande au Gouvernement d'examiner la baisse substantielle des prix des billets avant la fin du mois de mars 2014.

Car, je sais que le débarcadère du Pont d'Escale de Carabane, financé par l'État du Sénégal à hauteur de 12 milliards et inauguré depuis le 6 juillet 2013, va non seulement améliorer la sécurité maritime des navires et des passagers mais également optimiser la commercialisation des produits agricoles et de cueillette de la Casamance naturelle.

Je mesure l'importance de cette infrastructure qui est un bien commun pour toutes les îles environnantes en même temps qu'un outil de lutte contre la pauvreté, contre le chômage et un facteur non négligeable de croissance économique.

Le Aline Sitoe Diatta va être rejoint, en juillet 2014, par deux (2) navires « Aguène » et « Diambôgne » financés par la République de Corée et l'État du Sénégal, dans le cadre de la première phase du projet d'infrastructures et d'équipements maritimes.

La seconde phase de ce projet, en cours d'instruction, va renforcer le désenclavement fluviomaritime de la Casamance et améliorer l'exploitation de ses ressources naturelles et de ses potentialités économiques, à des coûts compétitifs et accessibles aux populations.

Dans le domaine de l'Habitat, le Gouvernement devra, dès cette année, engager la SN-HLM, la SICAP), les coopératives et les structures immobilières privées, dans un vaste programme de réalisation de logements sociaux et de standing, à Sédhiou, Kolda, Bignona, Ziguinchor, et dans les autres chefs-lieux de département, en vue d'accélérer leur modernisation.

S'agissant du secteur de l'énergie, j'annonce l'amplification des programmes d'électrification rurale avec l'installation, en Casamance, de la première centrale photovoltaïque au Sénégal, d'une puissance de 15 mégawatts, offerte par le Qatar. Les études techniques relatives à la zone de localisation de l'infrastructure seront bientôt achevées.

Je saisis l'occasion de cette cérémonie pour lancer un appel au secteur privé local, national et international, à investir davantage en Casamance.

La véritable relance économique de la Casamance passera par les investissements privés et le développement des activités agricoles, horticoles, industrielles, halieutiques et touristiques. Dès lors, j'invite le Gouvernement à hâter la réalisation des zones industrielles et des centres artisanaux modernes dans les capitales départementales.

Au surplus, le Gouvernement appuiera davantage les opérateurs économiques locaux, par des facilitations dont les modalités seront fixées.

L'État va déployer, en urgence, les nouveaux financements émergents (le FONGIP, le FONSIS, la BNDE) en Casamance.

Ces financements innovants seront en priorité orientés vers les femmes, – dont je salue ici « la plateforme pour la paix » – afin de créer un véritable entrepreneuriat féminin territorial. Ils cibleront aussi les jeunes et les valeureux opérateurs économiques de la région qui seront associés à tous les projets sus rappelés.

De même, il sera procédé à une vigoureuse relance du Tourisme en Casamance, avec l'intensification des dessertes aériennes et maritimes de la Région à des coûts accessibles aux populations locales et aux touristes, l'accélération de la création d'une école dédiée aux métiers du Tourisme et de l'aménagement attractif des sites du Cap Skirring, de Kafountine, de Carabane, de Sédhiou.

D'ailleurs, je me rendrai dans les semaines à venir à Sédhiou, pour y tenir un Conseil des ministres portant sur le plan d'investissements prioritaires de la région, cordon ombilical de la Casamance !

Je n'oublie pas les secteurs vitaux de la pêche et de l'industrie qui doivent être des moteurs de l'activité économique et de la création de richesses pour les femmes notamment et d'emplois durables pour les jeunes. Sans omettre l'éducation, la formation, la promotion sociale et économique, la santé qui sont au cœur de mes préoccupations. À cet égard, j'ai le plaisir d'annoncer l'ouverture de l'hôpital de la Paix, ainsi que le démarrage des consultations en début avril 2014.

J'ai notamment engagé le Gouvernement à assurer le paiement urgent des indemnisations à toutes les personnes officiellement recensées, et expropriées lors de l'édification de la structure sanitaire sur le site actuel.

La Casamance doit également s'affirmer en Pôle scolaire et universitaire majeur au plan national, et même sous-régional. J'invite ainsi le Gouvernement à renforcer les infrastructures et conditions d'études au niveau de l'Université Assane Seck et des centres nationaux de formation (dans les métiers agricoles et des eaux et forêts).

D'autres centres suivront qui sont destinés à enraciner le savoir et la recherche dans les réalités naturelles et culturelles de cette partie de notre pays. Je rappelle ma décision de créer un Lycée professionnel agricole à Bignona.

Ma présence en Casamance est également un moment privilégié d'appréciation de cette nature généreuse et rayonnante, de cette « végétation de clarté », à préserver à tout prix. Nous devons alors être vigilants et accentuer notre lutte sans merci contre la déforestation et la péjoration de l'environnement de la région.

De son côté, le Gouvernement est déterminé à combattre, avec fermeté, les trafics illicites de bois nobles et d'espèces végétales : un crime contre l'environnement qui doit être sanctionné sans faiblesse.

Dans le même esprit, je demande au Gouvernement de faire redémarrer, sans délai, les programmes de déminage (militaire et humanitaire) des zones polluées et rassure, en même temps, les populations et nos partenaires internationaux et locaux, quant au respect scrupuleux des engagements de l'État concernant la continuité des financements et de l'exécution physique des projets conclus.

Mesdames, messieurs,

Je plaide – et ce plaidoyer est collectif – pour la conservation impérative du patrimoine naturel et culturel de la Casamance, un élément fondamental des cultures locales. En pays Diola, Mandinka, Balant, Manjak, Mankagne, Baïnouk et Peul, les socio-cultures sont importantes dans la construction et l'assomption de l'identité culturelle.

La Casamance est riche de sa diversité, de son gisement culturel insuffisamment exploité. Il importe que les cultures de l'ancien démembrement de l'illustre empire mandingue, du grand Gabou d'où est parti Maissa Wali Dione Mané pour la conquête de mes cousins sérères, de Bigolo Djinabo, terre natale de Tombong le bugger diola, du grand tambour major Daouda Sané de Soundioulou Cissoko et de Douta Seck, il importe, disais-je, que ces cultures soient revisitées, revitalisées et revalorisées.

J'encourage la confection d'un agenda culturel pour la promotion de ce riche patrimoine, en termes de recueillement, de méditation et d'ensemencement ; la chaîne RTS 4 dont j'annonce le lancement prochain participera, à coup sûr, à la valorisation de l'extraordinaire diversité culturelle de la zone.

Mesdames, Messieurs, j'ai beaucoup parlé de paix, car, comme le dit Amadou Hampathé Bâ « *C'est dans la paix et dans la paix seulement que l'homme peut construire et développer la société, alors que la guerre ruine en quelques jours ce que l'on a mis des siècles à bâtir* ». C'est cette paix qui est plus que jamais à notre portée.

Elle exige, de l'ensemble des acteurs effectifs, de tous les segments du corps social et culturel de la région et de la Nation, une confiance mutuelle, la culture du pardon et du dépassement, le sens élevé des responsabilités devant l'Histoire, et un vaste sursaut national mobilisateur et salvateur.

En ma qualité de chef de l'État, je réaffirme, ici et maintenant, mon engagement solennel et constant à appuyer toute initiative de consolidation de la paix en Casamance. Dans ce sens, je salue toutes les bonnes volontés, notamment les femmes et les jeunes, les chefferies religieuses et coutumières, toutes les forces vives de la Casamance, déterminées pour le retour immédiat et définitif de la paix dans cette région que nous aimons tant.

Ainsi que vous le constatez, nous entrons dans une ère de renaissance économique, politique et culturelle et de stabilisation sociale de la Casamance. À l'évidence, nous sommes en train de construire, avec la mobilisation et l'appui des populations et des partenaires de l'État, la paix définitive et la prospérité durable de la Casamance.

Nous sommes dans un à-venir plus précisément, dans l'Avenir des enfants de cette région du Futur, sur laquelle le Sénégal compte tant. La tâche est lourde, immense, difficile. Mais elle vaut tous les sacrifices pour abréger les souffrances et abroger les passions ; pour fédérer et mobiliser toutes les énergies positives et toutes les bonnes volontés. Aucun moyen ne sera de trop. Aucun acteur ne sera laissé sur le bord du chemin.

Je propose à tous, sans exclusive, la paix des braves. Sans vainqueurs ni vaincus. Pour le bénéfice de tous. « Ce n'est pas parce que les choses sont difficiles que nous n'osons pas, c'est parce que nous n'osons pas que les choses sont difficiles », dit Sénèque le jeune, alors osons résolument la paix.

Pour ma part, je suis totalement engagé pour la Casamance, sa sécurité, sa paix, sa stabilité et sa prospérité, dans le consensus.

Tout en restant ouvert au dialogue fécond et constructif. Je suis déterminé à aller vers la paix sincère, dans la compréhension mutuelle, dans le respect de la dignité de tous les acteurs de cette crise, avec la ferme résolution de la préservation absolue de l'intégrité du territoire national dont je suis le Garant et le Rempart. La Casamance, c'est le Sénégal. Et le Sénégal, dans sa décisive bataille pour l'Émergence, a besoin de toute sa cohésion nationale et de toute sa cohérence territoriale.

Mesdames, messieurs, très chères populations de Casamance, je disais, à l'entame de mon propos, ma joie d'être parmi vous. Et j'ai beaucoup parlé de paix. C'est parce que le lancement du projet du Pôle de développement de la Casamance et l'inauguration de l'Université Assane Seck m'offrent, en ma qualité de $4^{\text{ème}}$ président de la République du Sénégal, l'occasion, en cette deuxième année de mon mandat, de marquer une pause et de procéder à une réflexion grave sur notre destin commun de Sénégalais.

Le territoire de la région naturelle sénégalaise de Casamance, les hommes et les femmes des diverses cultures qui la composent représentent deux richesses indispensables qui justifient et exigent que leur soient affectées l'attention et l'allocation des ressources qui leur sont dues.

En effet, c'est peut-être le sentiment diffus que cette attention et ces ressources leur ont été déniées qui a conduit au malentendu historique que nous vivons.

Ce malentendu, votre Président veut, avec vous, le lever à jamais.

La Casamance, à l'instar des autres régions, a acquis un droit de propriété et d'appartenance sur le Sénégal, du fait de la part prise dans la résistance à la colonisation, dans les préjudices subis, dans les combats pour l'indépendance, dans les luttes politiques, syndicales et dans le défi au mépris colonialiste et raciste.

Il n'est que de citer les héros qui ont pour noms : Aline Sitoe Diatta, Moussa Molo, Fodé Kaba Doumbouya, Sounkarou Camara, Émile Badiane, Assane Seck, Ibou Diallo, Dembo Coly, Yoro Kandé et Édouard Diatta, pour nous en tenir qu'aux disparus. « Qui peut se vanter d'avoir fait mieux qu'eux ? » pour reprendre l'apostrophe du poète.

Voilà pourquoi, il n'est que justice, il n'est que bon sens, il n'était que temps de faire offrande à la Région naturelle de Casamance de ce projet pôle de développement de la Casamance.

Ce malentendu étant levé, il faut aller à la paix, clairement, nettement, de façon décisive, pour continuer de protéger le Sénégal contre les désordres environnants, pour permettre à notre pays de continuer à être parmi les pays leaders dans l'unité et la renaissance africaine et dans la marche vers l'Émergence.

Je suis venu en apôtre de paix, au nom de toute la nation assemblée, de toute la République solidaire. Pour que retentissent partout la sirène des usines, le chant des rameurs, la mélodie des pasteurs, et la romance des agriculteurs. Et que chantent de nouveau les oiseaux dans la pénombre du bois sacré, au-dessus du clocher des églises et du minaret des mosquées.

En définitive, ne perdons jamais de vue que le Renouveau et l'émergence du Sénégal ne se fera qu'avec une Casamance réconciliée avec elle-même, pacifiée, respectée, stable, prospère et émergente. Voilà pourquoi, je réitère mon vibrant appel à la paix des braves, paix à la construction de laquelle aucun segment ne sera exclu.

Conscient que je suis de la vérité profonde de cet autre propos du sage de Bandiagara qui disait « de même qu'il n'y a pas de "petit" incendie (tout dépend de la nature du combustible rencontré), il n'y a pas de petit effort. Tout effort compte, et l'on ne sait jamais, au départ de quelle action apparemment modeste sortira l'événement qui changera la face des choses.

N'oubliez pas, ajoutait-il, que le roi des arbres de la savane, le puisant et majestueux baobab, sort d'une graine qui, au départ, n'est pas plus grosse qu'un tout petit grain de café ». La conscience historique, qui nous renvoie à notre responsabilité collective en tant qu'acteurs de notre propre destinée, est le préalable à tout développement. Si nous avons tous, ensemble, un sens aigu de nos responsabilités, sans n'en déserter aucune, la confiance en soi et la foi en l'avenir, alors nous aurons en nos mains le pilier essentiel de notre sursaut capable de surmonter l'orage et d'interpeller la pluie.

Alors, la belle et verte Casamance qui, depuis d'insupportables décennies, résonne en nous comme un Remords, va désormais retentir comme une Espérance, une Promesse Exaucée. C'est sur cette note d'espoir que je déclare le lancement du Projet Pôle de Développement de la Casamance (PPDC). Je vous remercie de votre aimable attention.

G. Débat sur les propos outrageux de Me Abdoulaye WADE à l'encontre du Président Macky Sall et de sa famille

L'évidence historique de l'appartenance de Macky Sall à l'indomptable caste des Sebbé s'oppose absolument aux propos à la fois outrageux et inexacts que, le mardi 25 février 2015, au cours d'un entretien avec la presse et sous l'emprise d'une colère indicible, le président Wade a proférés à l'encontre de son successeur et de sa famille qu'il qualifie d'«*esclaves et d'anthropophages* ».

Méchante parole jetée va partout à la volée !

Les déclarations, on ne peut plus erronées, du troisième président de la République du Sénégal, intellectuel au savoir encyclopédique, et père tant adulé de la première alternance démocratique de notre pays, plongent dans l'émoi toutes les personnes éprises de bon sens.

D'ailleurs, malgré la gravité des propos de Me Wade, nul n'ignore que dans la marre des mensonges, il ne nage que des poissons morts. Aussi, les réactions sont-elles rapides et pugnaces, mais toujours courtoises. Nous en reproduisons quelques-unes.

1. Le Président doit rester infrangible

La sortie injurieuse, mardi dernier, du ci-devant président Wade a, incontestablement, été un séisme d'amplitude 8 degrés sur l'échelle de l'abjection qui en compte 9.

Cette forme bien wadienne d'expression de la haine morbide qu'il nourrit à l'endroit de son successeur Macky Sall constitue un défi à notre Constitution, un outrage à notre Démocratie et une offense à l'ensemble du peuple sénégalais. Ces insultes qui n'auraient pas déparé les passes d'armes verbales des pimbêches autour des bornes-fontaines nous interpellent puissamment en tant que Nation. Et il n'est pas question de se débiner face à ce devoir de réagir.

Ce n'est pas tous les jours, en effet, qu'un ancien Chef de l'État en arrive ainsi à blesser dans sa chair tout un peuple. Quand une personne qui a eu l'insigne honneur de diriger douze ans durant ses compatriotes se permet de tomber en transe pour donner libre cours à ses instincts infra belluaires (en dessous de la bête), il n'est donc pas question d'user de faux-fuyant pour lui apporter la réplique idoine.

Surtout lorsque, en déversant sur la personne de son successeur à la magistrature suprême un conteneur d'injures d'une saleté aussi animalesque ficelées par paquets de dix et débitées avec une hargne hallucinante, il touche volontairement à ce que son peuple a de plus cher : ses valeurs de civilisation et son ambition de constituer une nation une et indivisible.

Ancien Gardien de la Constitution et garant de cette Charte fondamentale, il est astreint à vie à le demeurer sous peine de rendre compte pour haute trahison. Le mot est lâché !

Les valeurs essentielles qui fondent en tant que sénégalais notre commun vouloir de vie commune, ce substrat culturel socle de nos singularités qui ont fini par imposer l'exception sénégalaise et par donner à notre nation une vocation pionnière en matière de démocratie, de respect des droits fondamentaux de la personne humaine et des règles de l'État de droit, ces valeurs essentielles ne sauraient être piétinées par le premier énergumène venu.

Et quand l'auteur d'un tel attentat contre l'honneur et le prestige du Sénégal offre la particularité d'avoir dirigé ce pays, force est traiter en tant que tel…

La sortie injurieuse surréaliste de Wade jette le discrédit sur l'ensemble de la nation sénégalaise, il n'est que de se reporter au concert de condamnations unanimes et aussi, malheureusement, de quolibets sur les réseaux sociaux pour s'en rendre compte. La république du Sénégal, depuis feu le président Léopold Sédar Senghor, avait fait hardiment le parti d'adopter le bloc de constitutionnalité.

Le constituant fait référence dans le Préambule de notre première Constitution à toutes les conventions internationales et déclarations sur les droits de l'homme que le Sénégal, dès son accession à la souveraineté internationale et au fur et à mesure de leur adoption, a intégrées dans son corpus juridique interne.

La Déclaration des Droits de l'Homme et du Citoyen de 1789, la Déclaration Universelle des Droits de l'Homme des Nations-Unies du 10 décembre 1948, le Pacte international relatif aux Droits civils et politiques du 16 décembre 1966. Sans oublier la Charte Africaine des Droits de l'Homme et des Peuples du 27 juin 1981, le Traité révisé de la CEDEAO 1993 notamment…

Le Conseil Constitutionnel, dans deux Décisions N° 11/93 et 12/93 du 16 décembre 1993, a jugé que les stipulations de la Déclaration Universelle des Droits de l'homme, du Pacte international sur les Droits civils et politiques et de la Charte Africaine des Droits de l'Homme et des Peuples relatives aux droits fondamentaux de la personne humaine constituent « des principes de valeur constitutionnelle » et que ces droits fondamentaux bénéficient de garanties de valeur constitutionnelle.

Il en résulte qu'aucun acte administratif, judiciaire ou juridictionnel ne peut méconnaître ou violer d'une manière quelconque les stipulations des instruments internationaux susvisés relatives aux droits fondamentaux de la personne humaine et aux garanties de valeur constitutionnelle attachées à ces droits fondamentaux.

Dès leur ratification et publication, ces différents instruments de promotion et de protection des droits de l'homme auxquels s'ajoutent la Convention sur l'élimination de toutes les formes de discrimination à l'égard des femmes du 18 décembre 1979, la Convention relative aux droits de l'Enfant du 20 novembre 1989 entre autres – s'imposent erga omnes, à l'égard de tous, législateur, administrateur, juge. Plus décisivement, le Peuple Souverain du Sénégal a proclamé dans le Préambule de la Constitution du 22 janvier 2001, entre autres :

- Le respect des libertés fondamentales et des droits du citoyen comme base de la société sénégalaise,

- Le respect et la consolidation d'un État de droit dans lequel l'État et le citoyen sont soumis aux mêmes normes juridiques sous le contrôle d'une justice indépendante et impatiente,

- Le rejet et l'élimination sous toutes leurs formes et l'injustice, des inégalités et des discriminations.

Le Conseil Constitutionnel est interpellé. Pour la première fois dans l'histoire protéiforme de notre jeune nation – et, nous osons espérer que ce sera la dernière fois – un ancien Président s'illustre de cette façon aux dépens du Président s'illustre en exercice. Ce coup bas lâchement asséné ne devrait pas laisser indifférents les Sages garants de notre Constitution.

Nos enfants qui apprennent l'éducation civique à l'école élémentaire ne le comprendraient pas. Le Barreau non plus qui, sans consultation préalable de ses membres, avait élevé Wade à la dignité de Bâtonnier honoraire, ne saurait rester coi.

Les jeunes avocats qui prêtent le serment de respecter les institutions et notre Charte fondamentale ne le comprendraient pas. Cette dignité se mérite. Elle doit être retirée si la personne déshonore la famille du Barreau et souille intentionnellement une corporation censée défendre les hommes, tous les hommes, et les valeurs qu'ils ont en partage.

L'Assemblée générale du Barreau qui se tient le week-end à Sali devrait à tout le moins prendre date et adopter une posture pour le principe... Il nous souvient comment feu le Bâtonnier Boubacar Gueye, en 1988, s'était rué au Palais de la République pour exiger des excuses du président Abdou Diouf après sa sortie du 26 février de Thiès où, dans un accès de colère, ce dernier avait cité notamment l'avocat Wade parmi les « bandits de grand chemin »... La loi portant statut des anciens présidents devrait être revisitée, des garde-fous installés opportunément pour réprimer dans l'œuf toute velléité de délinquance gérontocratique ou post présidence.

Le Gouvernement, par le biais du ministre de l'Intérieur chargé de la tutelle des partis politiques, devrait, en raison du principe selon lequel gouverner c'est prévoir, statuer dès à présent sur l'éventualité de dissoudre purement et simplement le dangereux instrument de déstabilisation de la nation sénégalaise qu'est devenu le PDS, un appareil propriété privée d'une « constante » à la dérive qui ne s'estime plus tenue de respecter la Constitution ainsi que les principes de la souveraineté nationale et de la démocratie. Que l'on n'attende surtout pas, pour réagir, que les épigones de Wade mettent à exécution leur projet suicidant de ne pas accepter le rendez-vous de la chose jugée le 23 Mars. Personne ne comprendrait une telle inertie de la part des pouvoirs publics et leur incapacité d'anticiper sur des événements largement annoncés.

Les humanitaires à gages prompts à emboucher les trompettes d'une indignation sélective et à géométrie variable sont également sous surveillance. L'on attend de voir comment ils réagiront concrètement. Ce dont il est question aujourd'hui, c'est de savoir si les principes fondamentaux qui régulent notre vie de tous les jours ne sont invoqués que dans un but cosmétique, s'ils sont érigés uniquement pour servie d'éléments décoratifs à une société totalement rétrograde qui les rejette en fait royalement et n'en a nullement besoin.

Chemin faisant les Sénégalaises et les Sénégalais, toutes couches confondues, sauront définitivement à quoi s'en tenir, par rapport aux principes adoptés par le constituant : la personne humaine est sacrée, elle est inviolable, l'État a l'obligation de la respecter et de la protéger ; toute atteinte aux libertés et toute entrave volontaire à l'exercice d'une liberté sont punies par la loi. Tous sont égaux devant la loi sans distinction d'origine, de race, de sexe, de religion et ont droit sans distinction à une égale protection égale contre toute discrimination et contre toute provocation à une telle discrimination ; l'égal accès de tous les citoyens aux services ; l'accès de tous les citoyens, sans discrimination, à l'exercice du pouvoir à tous les niveaux.

En somme, il est question pour le peuple souverain blessé dans sa chair d'exiger la mise en œuvre de cette vérité selon laquelle « il n'y a au Sénégal ni sujet ni privilège de lieu de naissance, de personne ou de famille ».

Quant au Président de la République, M. Macky Sall, force est de lui rendre hommage. N'en déplaise à tous ces arriérés mentaux, il est la typification archétype du dirigeant qu'il nous faut. Dans un contexte où il est admis que tous naissent libres et égaux en droits et en devoirs mais pas en capacités, dans un système démocratique où tous les hommes ont une égalité de chances de se réaliser et de s'épanouir, la Providence a voulu qu'il émerge.

Le seul gros reproche qu'on peut lui faire est d'avoir réussi à redonner un sens, le vrai, à des notions taboues car ayant toujours été utilisées par des arriérés mentaux pour désigner tout à fait autre chose que ce qu'elles étaient à l'origine. En effet l'élitisme, l'excellence, l'aristocratie et la noblesse ne renvoient nullement à la naissance de classe sociale, à l'avoir ou au savoir, mais bien à l'intelligence, au génie, au mérite.

Le grand mérite de notre démocratie est de placer ou pouvoir les gens pleins de noblesse, de la vraie noblesse, pas celle de gent, ni celle qui se transmet par titres interposés, mais celle de l'esprit, de l'intelligence. Ces gens au mérite éclatant suscitent depuis toujours l'envie, la jalousie, la méchanceté.

Surtout de la part de ceux qui considèrent que, de par leur appartenance supposée à une classe privilégiée ou à une aisance financière inversement proportionnelle à leur mérite intrinsèque, qu'ils devraient perpétuer une « domination » qu'à lui seul un niveau de vie ou de connaissances supérieur légitime. Aussi le procès de Karim Wade donne-t-il une excellence grille de lecture de tels états d'âme.

Les monstrueuses accusations portées contre le Président de la République constituent un condensé hallucinant d'errements, d'incohérences et de non-sens, le tout enrobé dans rhétorique fallacieuse soutenue par une communication d'influence destinée à sauver à tout prix une personne « au-dessus de tout soupçon », cachant ainsi l'implacable vérité derrière un épais rideau de fumée. Cette vérité jaillira, cela est inscrit dans l'ordre naturel des choses. Inutile alors de se presser. En temps voulu justice sera rendue aux uns et autres.

Les plaidoiries urbi et orbi n'ajouteront rien à tout ce qui a été dit, hurlé, éructé. Les insultes pas plus. Elles sont du reste contre-productives. Dans la stricte mesure où « ceux qui habitent des maisons de verre feraient mieux de ne pas jeter de pierres ». Au Président Macky Sall, le seul conseil qui vaille est de faire sien ce proverbe latin : « Prends garde au bœuf par devant, à l'âne par derrière et au sol par tous les côtés ». En restant infrangible !

Me Cheikh Koureyssi Bâ, avocat à la Cour, ancien Directeur de publication du journal « Le Sopi » du PDS

2. Macky Sall : cette valeur sûre qui nous a fait croire à la richesse humaine

À travers la personne du Président Macky Sall, c'est tout le Sénégal que l'ancien président Maître Abdoulaye Wade a attaqué. Le président Macky Sall est l'homme providentiel qui veut faire du Sénégal un pays émergent, un pays fort.

Le chef de l'État Macky Sall auquel Abdoulaye Wade voue une haine viscérale veut tout simplement faire sortir le Sénégal de l'ornière. Abdoulaye Wade et sa famille ont voulu confisquer le pouvoir du peuple, l'orienter pour se maintenir aux affaires. Ce que les Sénégalais ont refusé.

Et en 2012, avec le Président Macky Sall, ils ont mis fin au règne de Maître Abdoulaye Wade, et ainsi au supplice de l'impunité qui a été érigé en règle pendant douze années de pouvoir wadiste.

Le Président Macky Sall a fait perdre à Abdoulaye Wade non seulement son fauteuil de Président, contribuant ainsi à bouter dehors un système occulte qui, de 2000 à 2012, a toujours dépouillé notre pays.

Il est donc évident qu'après une cuisante défaite lors de l'élection présidentielle de mars 2012, Abdoulaye Wade déclare sa prochaine guerre à Macky Sall, comme il l'avait fait aux deux anciens chefs d'État du Sénégal, le défunt Léopold Sédar Senghor et Abdou Diouf.

Le Président Macky Sall est aujourd'hui dans le cœur de tous les Sénégalais comme un homme très généreux et humaniste qui a combattu toutes les inégalités sociales.

Et pourtant des couleuvres il en a avalé sans courber l'échine pour se battre au moment où il le fallait, pour sortir les Sénégalais des mains de gens qui ont toujours dilapidé les fonds publics.

Des gens qui se sont enrichis au nez et à la barbe d'honnêtes citoyens au point de se retrouver au prétoire. Et c'est le cas de son fils qui s'est enrichi avec l'argent du contribuable.

Me Abdoulaye Wade doit savoir aujourd'hui qu'aucun ancien chef de l'État ne peut s'arroger le rôle de justicier à la place des magistrats et qu'aucun ancien président ne peut dicter à l'actuel ce qu'il doit faire.

Jean Jacques Rousseau disait : « l'État doit être petit pour que le peuple soit facile à rassembler et que chaque citoyen puisse aisément connaître tous les autres. C'est ce qu'est en train de faire le Président Macky Sall qui, en vrai démocrate, a tenu sa promesse de campagne pour réduire son septennat à un quinquennat. Et sous cet angle, il répond le mieux à l'assertion de Rousseau.

Ses nombreux efforts pour soulager les populations (Bourses familiales, couverture maladie universelle, baisse des prix des denrées de premières nécessités, baisse du loyer, baisse du prix du carburant ; baisse de plus de 30 milliards de l'impôt sur le salaire des fonctionnaires, etc...

Les réalisations dans le domaine de l'éducation, de la formation, et de l'Enseignement supérieur avec les lycées professionnels, la 2ème université du Sine Saloum sans compter les nombreuses réalisations des infrastructures sportives entres autres.

Sans compter sa récente tournée économique dans les trois régions du Sud du Sénégal avec l'inauguration des deux bateaux Aguène et Diambogne, le stade Aline Sitoé Diatta, les ponts de désenclavement l'hôpital, etc. Toutes ces réalisations plaident éloquemment en faveur du Président Macky Sall !

La méthode de la non-violence qui est la seule arme de justice dont disposent les pauvres et les faibles. Et la force de la vraie liberté du Sénégal viendra de sa capacité à poser des actes réfléchis.

Le président Macky Sall, pour avoir combattu un régime basé sur l'impunité, l'injustice et l'inégalité sociale, je le compare à Abraham Lincoln considéré comme l'un des plus grands présidents des États Unis qui avait combattu la Sécession du Sud. Rien que pour son premier mandat, l'autorité a été restaurée. L'État est redevenu efficace et respecté. Moi qui l'ai côtoyé, j'ai eu à bénéficier de son expérience et son savoir-faire de dirigeant.

Que ce soit comme ministre, Premier ministre, député et président de l'Assemblée, maire, et aujourd'hui président de la République, Macky Sall, durant toute sa vie, a toujours prôné les valeurs fondamentales que sont le respect, la compréhension mutuelle, la tolérance, la solidarité et l'amitié.

Il n'a eu de cesse d'œuvrer pour le développement du Sénégal mais en faisant toujours très attention à défendre les valeurs éthiques. Il a toujours cette volonté de faire mieux, tous ensemble et dans le respect des personnes. C'est certainement une des caractéristiques de sa manière d'agir, aussi bien comme éducateur que comme dirigeant. Abdoulaye Wade doit savoir que Macky Sall a de la dignité et de la respectabilité. Et sa place, lui Abdoulaye Wade, est aujourd'hui dans la cuisine et aux toilettes pour garantir le confort des autres.

Président Macky Sall, vous êtes la valeur sûre qui nous a fait croire à la richesse humaine. Restez tel que vous êtes.

Nous sommes heureux et fiers d'être proches de vous, car, aujourd'hui, toutes les populations sénégalaises perçoivent vos actions claires comme la lumière qui est une source d'énergie.

Matar Bâ, enseignant de métier, membre de l'APR, maire de Fatick et ministre des Sports.

3. Pourquoi le Président Sall ne répondra jamais après les infamies de Wade

Macky Sall n'a jamais versé dans le simulacre. Il est authentique. C'est un être entier qui a le courage de ses idées qu'il exprime sans jamais tomber dans le piège de l'insolence et de l'outrance. Loin des envolées populistes, il est dans l'action.

Homme de terrain, il voue un respect sans limite à son peuple, à tout son peuple. Lorsque chez un homme l'essentiel est de se vouer au service du Bien de sa Nation, il n'est point de temps pour être dans l'invective et la diatribe. Qui, une seule fois, dans ce pays des passions et des tensions souvent imposées, a entendu le Président Macky Sall, dans l'opposition comme au pouvoir, tenir un seul propos outrageant ?

La puissance et la force d'un homme résident dans sa capacité à dominer sa part d'animal, à fortiori lorsqu'il est ou a été la tête d'une Nation. À s'élever au plus haut des altitudes de la raison, de la lucidité et de la tempérance. En vérité, seul est courageux celui qui sait, dans l'épreuve, regarder la réalité avec le sourire stellaire qui défie le temps.

Le Président Sall est admirable pour son calme, sa courtoisie reconnue et son humilité qui sont des marques d'une grande capacité de maîtrise de soi. Autrement, il n'aurait jamais été le passionné de la justice sociale, l'engagé exemplaire pour le bien-être de son peuple et le chantre des valeurs républicaines.

Il ne regarde pas son peuple en termes de catégories, de groupes séparés ou encore d'ordres fermés, car cette manière de voir relève du suprême mépris. Il pense profondément que le Sénégal est un indivisible, que les Sénégalais sont dignes et solidaires. Même dans l'adversité.

La morgue, l'arrogance, l'orgueil et l'autoglorification sont aux antipodes des valeurs de cet homme qui n'a jamais considéré que sa famille est la meilleure des familles au Sénégal encore moins que son fils est le meilleur des fils de ce pays. Le Président Sall n'est pas dans une quête effrénée de reconnaissance, de gloire, d'honneur. Le regard objectif de son peuple paysan, ouvrier, cadre, artiste et intellectuel lui suffit amplement pour vivre heureux.

Il a été victime de l'infamante accusation de « blanchiment d'argent ». Il a compté sur le jugement de son peuple qui l'a porté au pouvoir avec 66 % environ des suffrages. Sa capacité de concentration est exemplaire. Son endurance aussi.

Huit jours en dehors des lambris du palais et des salons feutrés à travers le monde, en immersion dans les profondeurs de la Casamance naturelle, pour la paix et l'émancipation de son peuple des enclos de la pauvreté, un tel homme a-t-il le temps de répondre aux infamies ?

En vérité, lui suffit le regard objectif de son peuple : les citoyens, les journalistes, les militants de la société civile et les vrais démocrates du Parti démocratique sénégalais, tous ont répondu de la manière la plus ferme aux infamies, à l'obscurantisme, aux bouffées irrationnelles et dérives qui portent atteinte à la dignité de notre peuple. Voilà pourquoi, le Président Macky Sall ne répondra jamais. Jamais !

El Hadj Hamidou Kassé, journaliste, écrivain et philosophe, actuellement ministre-conseiller et chef du pool de Communication de la présidence de la République.

4. Abdoulaye Wade piétine le Sénégal et profane la République

L'ancien président Abdoulaye Wade a fait une sortie fracassante le mardi 24 février 2015. Cette date mérite d'être notée parce que les propos tenus sont contre la République, contre la Constitution et contre les valeurs fondatrices de la République et de la société.

Le Président Abdoulaye Wade ne devra pas être poursuivi pour offense au Chef de l'État car on ne peut pas envoyer un vieillard de cet âge, en délire passionnel, en prison. Abdoulaye Wade reproche Macky Sall sa « naissance ». Il lui reproche d'être le fils de ses parents, qu'il traite de mangeurs de bébés et d'anthropophage.

Mon Dieu ! L'injure aux morts est haïssable dans toutes les cultures. Cela seul suffit à leur défense, Dieu se chargeant du reste. Les valeurs de la société traditionnelle condamnent sans rémission les propos de caniveaux de l'ancien président, qui ne se résout pas à redevenir citoyen et à quitter la scène publique.

On ne peut pas partager le temps avec ses pairs, ses fils, ses petits-fils et ses arrière-petits-fils. Il laisse entendre que sa « naissance » est supérieure à celle de Macky Sall.

Première hypothèse : admettons un instant que ce soit vrai. Mais alors on peut se demander quelle éducation a reçue l'ancien président pour parler comme il l'a fait. Parler est grave parce que qui parle révèle son âme profonde.

Au ban des traditions, notre ancien président profane et vomit sa haine de la République qu'il n'a pas réussi à transférer à sa descendance comme un bien privé. Il piétine la société sénégalaise qui a refusé de favoriser sa dévolution patrimoniale de l'État.

Deuxième hypothèse : admettons maintenant que ce que dit l'ancien président soit faux. Dans ce cas nous sommes en présence d'une affabulation monstrueuse, méchante et pas éclairée du tout.

Dans un cas comme dans l'autre, Abdoulaye Wade vise un seul et même objectif : conscient qu'il n'a aucune capacité à infléchir ou à influencer la Justice, il s'attache à déstabiliser le Président

Macky Sall en train de réussir à faire bouger le Sénégal dans la bonne direction, espérant qu'en 2017 le pays change de cap.

Cette stratégie est un aveu d'impuissance politique jusqu'à la prochaine présidentielle. Mieux, les vomissures de Wade ferment définitivement la voie du retour aux affaires du PDS en 2017.

En république, peut-on reprocher à quelqu'un d'être né dans une chaumière et à rester pauvre du fait de cette « naissance » ? En quoi la « naissance » « illustre » ou « obscure » de quelqu'un doit-elle déterminer sa place dans notre Sénégal ?

Où est-il écrit qu'un candidat à une charge quelconque publique ou privée, administrative ou élective, doit « naitre » dans la classe sociale prétendue d'un Abdoulaye Wade ou d'un autre ?

Le retour aux critères sociaux du passé est impossible comme il est impossible de faire revenir les temps passés. Peut-on dresser un listing des emplois et des fonctions réservés aux gens d'en haut pour que tout ce qui n'y figure pas aille à ceux d'en bas ? Qui est d'en haut et qui est d'en bas ?

Voilà l'injure qu'Abdoulaye Wade adresse à la République et à ses citoyens, à la paix du pays et à l'avenir de nos enfants. L'ancien président reproche à l'actuel d'être le fils de ses parents.

Oublie-t-il que les prophètes sont rarement nés fils de prophètes, que beaucoup de fortunes d'aujourd'hui ne résultent pas d'héritages laissés par des parents fortunés, que les esprits brillants dans l'histoire de l'humanité n'ont pas hérité leurs savoirs de brillantissimes parents et que les savoirs d'avenir ne sont réservés qu'à ceux qui apprennent avec application et persévérance car l'intelligence est en tout humain.

L'ancien président a insulté Macky Sall mais ne peut pas l'humilier. Il a insulté la République du Sénégal, les Sénégalaises et les Sénégalais. Il s'est fâché avec la raison en choisissant la déraison et la violence de la jactance baveuse.

En République, il n'y a qu'une caste, celle des citoyens. Dès lors, il appartient au peuple vilement agressé d'en tirer les conséquences. Il y en a beaucoup, mais une s'impose : Wade n'est plus, bien que vivant, du monde des vivants.

Il vit emmuré dans les fadaises qu'il débite, drogué par sa démesure.

Qui veut mettre à feu et à sang la République pour s'opposer au jugement de son enfant par la Justice de son pays est un malade ? Maître est malade, un malade dangereux pour lui-même et pour nous tous. Il ne faut pas manquer au devoir d'assistance à une personne en danger. Que faire le concernant alors ?

Le protéger contre lui-même en ne lui tendant plus de micros, en ne le filmant pas, car Maître n'est plus maître de lui.

La détresse humaine ne devrait pas être un sujet d'exposition nauséabonde. Au-delà de ce devoir d'humanisme envers un individu en situation de détresse, protéger la République est une obligation pour chacun et un devoir pour tous. A-t-on le droit de dire, d'écrire et de diffuser tout ce que l'on pense des autres ? La réponse à l'évidence est non. Si la liberté de penser est totale, doit-il en aller de même de la liberté d'expression publique ?

Que celui qui pense qu'il peut tout écrire, tout dire haut et fort en l'amplifiant par les moyens de la communication de masse sans entraves choisisse de vivre seul dans une île éloignée de toute vie et de toute route.

Peut-être là serait la place de notre ancien président, avec les quelques fidèles qui voudraient s'exclurent de la société ou faire excuser l'inexcusable. Que « la naissance » de Macky soit insignifiante, petite, moyenne, grande ou super exceptionnelle, il est devenu, par la grâce de Dieu et la détermination de soixante-cinq pour cent des Sénégalaises et des Sénégalais, le Président de la République. Voilà le miracle de la République.

Ce miracle-là, potentiellement, habite chacun de nous, le reste dépendant de la volonté et des circonstances. Macky Sall est présentement l'incarnation de ce miracle. Le soleil, dans sa marche, n'a que faire des boulettes de papiers qu'un vieillard envoie dans sa direction. Elles retombent infailliblement à terre.

Samba Dioulé Thiam, Professeur de mathématiques, économiste, secrétaire général du Parti de la Renaissance et de la Citoyenneté ; député à l'Assemblée nationale dont il fut un des vice-présidents.

5. Grave ! Grave ! Grave ! Les délires d'un mutant ou Wade au crépuscule de la dégénérescence

D'aucuns disent qu'il faut réagir par le mépris aux propos, purement scandaleux, de Abdoulaye Wade qui est désormais devenu Maître dans l'abus de langage. Dans l'absolu, je pense que Son Excellence Monsieur Macky Sall Président de la République, pour tout ce qu'il représente aux yeux des Sénégalais ainsi que l'institution qu'il incarne, peut adopter cette stature de la hauteur dont il est coutumier.

Cependant, nous, jeunes citoyens sénégalais de tous bords, avons le devoir de réagir vigoureusement, méthodiquement et avec toute la sérénité requise en de pareilles circonstances. L'indifférence est, à mon sens, inconcevable dans le contexte de telles déclarations ignominieuses qui portent atteinte au socle commun des valeurs sociales qui fondent notre République.

Brillant dans sa propension à l'excès toujours débordant, l'ex-Président de la République, qui a littéralement « perdu la boule », est désormais, pour sûr, rattrapé par le syndrome d'hubris.

En effet, il perd le sens des réalités, développe une intolérance à la contradiction, mène des actions permanentes à l'emporte-pièce, cultive une obsession de sa propre image et abuse du seul pouvoir qui lui reste, le langage dont il a souvent usé pour tromper le monde et dont il abuse aujourd'hui pour détourner les masses.

À n'en plus douter, tous les ingrédients sont réunis pour confirmer que ce nébuleux personnage n'est nullement sorti indemne de son passage au pouvoir.

Le peuple sénégalais, lucide et engagé, attentif et cohérent, a eu raison de lui refuser un troisième mandat parce qu'imaginer cet homme, dans sa posture actuelle, encore au cœur du pouvoir est déjà une flagellation. Il n'en peut plus d'avoir été démasqué dans sa tentative de clonage de son personnage par la mise en selle d'un héritier, non méritant, aujourd'hui dans les liens de la détention provisoire et en attente d'un délibéré sur la question de son enrichissement illicite présumé.

Il n'est pas simplement question de condamner, avec la plus grande énergie, les propos indignes tenus par Maître ex-Président mais au-delà, toute la jeunesse digne de ce pays doit en tirer des conclusions en se posant les bonnes questions : est-ce donc cela que nous méritons d'un despote déchu, auquel nous avions cru, à qui nous avons tout donné et qui nous a, en permanence, trompé ? Que penser de ceux qui peuvent encore, au nom de la loyauté, accompagner ce personnage sombre en déchéance totale qui présente, à n'en plus douter, des pathologies graves qui méritent un exercice approfondi d'analyse psychologique ?

De quel Sénégal avons-nous besoin ? Après tous nos efforts méritons-nous cela ? Quel fervent mouride peut accepter ces dérives d'un personnage d'un autre temps, un mutant en plein délire ? Si c'est pour justifier les déboires d'un fils, dont il porte la responsabilité des ennuis, qu'il en arrive à avoir de tels comportements, nous ne pouvons l'accepter. L'insulte à la bouche en permanence, la calomnie au jour le jour, l'invective comme stratégie ; tel est aujourd'hui le terrain d'action d'un réalisateur au scénario macabre qui veut emporter dans sa parodie machiavélique un peuple mûr qui lui a refusé la dernière phase de sa trilogie légendaire : Opposition-Pouvoir-Dévolution-monarchique ou Contestation-Exercice-Éternité. Laisser ses énormités habituelles sans réaction me semble tacitement approuver des contre-valeurs de notre société.

Or, il nous faut ramener tout cela aux valeurs qui sont les nôtres que nos anciens doivent incarner et que nous nous devons de parfaire davantage pour nos enfants. C'est aussi cela le bon vivre ensemble.

Envisager d'arrêter Wade, ou le traduire devant la justice, ne saurait être une solution parce que cela serait tomber dans le piège de son scénario qui n'est captivant que pour son assistance taillée sur mesure, triée sur le volet et embrigadée à souhait.

En revanche, il est impératif qu'il sache, par tous les moyens (silence ou expression), qu'il est démasqué et qu'il ne lui sera plus donné d'être une fausse victime, position qu'il affectionne particulièrement.

Nous ne rêvons pas de la même société que Wade et nous accompagnerons, sans relâche, Monsieur le Président de la République à asseoir davantage les bases d'une société du mérite et de la solidarité pour une émergence certaine.

Le contexte de telles déclarations justifie, à mon sens, une manifestation citoyenne de grande ampleur contre les dérives verbales du despote déchu.

Mamadou Kassé, conseiller technique du président de la République en charge des questions d'Habitat et d'Urbanisme, président du Conseil de Surveillance de l'Agence de l'Aménagement du Territoire (ANAT)

6. Abdoulaye Wade, le falsificateur de l'histoire

Quand Macky voyait le jour à Fatick, il y a 54 ans, rien ne présageait pour lui un destin national, tout, comme un siècle plutôt, Joseph Staline né d'un père cordonnier et d'une mère servante. La similitude de leur origine sociale les unit pourtant comme pour conforter Miguel de Unamuno pour qui « *aucune mère n'a conçu un fils dans le sentiment de la patrie* ».

Le président Macky s'évertue à donner à une jeune nation confiance, fierté et dignité. Staline est entré dans l'histoire mondiale pour avoir écrasé l'armée hitlérienne.

D'autres hommes illustres, par leur génie propre, et obéissant à un appel, à une vocation plus haute ont remodelé le visage de leur société, si ce n'est celui de l'humanité.

Ainsi se sont développées les sciences grâce aux échanges. Senghor magnifiait le rendez-vous du donner et du recevoir.

Au XIXème siècle, El-Hadji Omar Foutiyou Tall exhortait ses coreligionnaires du Foûta, confrontés à la précarité, à émigrer vers de nouveaux horizons plus cléments. Ces premiers émigrants toucouleurs ont beaucoup contribué à l'expansion pacifique de l'islam dans la sous-région et même en Afrique centrale.

Ainsi donc, Mbégnou Sall, adolescent et confiant en l'avenir, quitta son village de Ndouloumadji Founébé alors dirigé par ses proches parents. Son allure altière est en parfaite harmonie avec une force physique héritée certainement de ses lointains ancêtres, les Sebbé-Koliyabé.

Cette caste guerrière, attachée au culte des ancêtres, fonda, sous la direction de Koli Tenguela, la dynastie des Dêniyanké qui durera jusqu'en 1776 avant d'être renversée par le clan des Tôrobé qui proclame l'islam, religion d'État. L'Almamy est investi à la fois du pouvoir religieux et politique. Il en sera ainsi jusqu'à la conquête coloniale. Toutefois, l'émigration se poursuivait de plus belle.

À Fatick où il choisit de s'installer, Mbégnou Sall s'évertue à travailler à la force de ses muscles, ne dédaignant pas les travaux les plus pénibles. Ce bourreau du travail ne tardera pas à être récompensé par la Providence avec son recrutement au service de l'Agriculture en 1955.

J'ai personnellement connu la famille Sall pour avoir été le maître de Macky et de sa sœur Rokhaya. Autant le frère était brillant, autant sa sœur éprouvait des difficultés pour suivre.

Ce handicap sera vite compensé par son mariage avec un brillant Professeur de Mathématiques, Abdoul Samba Ndiaye qui a implanté And-Jëf dans la capitale du Sine. Ce dernier influença Macky et recruta son frère Aliou dans son parti avant d'aller s'installer, avec son épouse Rokhaya, en France pour monnayer ses talents de scientifique.

En ces années 70-80, la débrouille était la chose la mieux partagée. Aucune entreprise, sinon celle du transporteur Antoine Khoury pratiquement délocalisée à Dakar et deux boulangeries qui n'emploient que des journaliers.

Le périmètre communal profondément envahi par les tannes souffre de terres de culture. La ville vivait au rythme du blues. Exception faite de quelques familles relativement fortunées (les Gassama, les Ndour et les Wade), le reste des gens normaux vivait de plus en plus mal sans pour autant tomber dans la misère.

Toutefois la vie politique tournait autour du parti socialiste qui pour occuper le terrain entretenait artificiellement des tendances, aujourd'hui irréconciliables, demain unies comme les deux doigts de la main. Son leader Macky Gassama, homonyme du président, était le prototype même du populiste : combatif et généreux, sensible aux préoccupations des masses, toujours accessible. La petite communauté pulaar lui est demeurée fidèle, exception faite de quelques éléments nourris par le marxisme et l'impatience révolutionnaire à vouloir changer le mouvement du réel.

Les gauchistes ont toujours péché par excès d'optimisme.

Cependant Macky Sall, par son caractère conciliant, savait user de charme sans tomber dans la vulgarité, à l'inverse d'Aliou, anticonformiste, tout aussi prompt à dénoncer les conditions de travail de ses camarades d'études au lycée Coumba Ndofféne qu'à combattre l'injustice sociale.

À présent qu'il est aux affaires, gageons qu'il mettra en pratique les idéaux pour les lesquels il a raté une fois son bac et est renvoyé du lycée.

Quand Macky quittait l'AJ en 1983 pour entrer au PDS en 1989, avec son diplôme d'ingénieur géologue en poche, il était désillusionné comme beaucoup de ses camarades.

La disparition de la gauche révolutionnaire en tant que pôle d'attraction était programmée. Le contrôle de la classe ouvrière lui a toujours échappé tout comme l'adhésion du petit peuple. Son combat n'a jamais débordé le champ clos des intellectuels… Le débat politique portait plus sur le conflit idéologique sino-soviétique que sur les potentialités révolutionnaires à explorer.

Nous avons manqué aussi d'approfondir la réflexion sur le socialisme aux couleurs nationales comme l'a réussi la gauche latino-américaine (Lula, Chavez, Morales …).

De plus, Maître Wade a porté un coup de massue décisif qui a fait des néo-marxistes un club de soutien. À l'heure de la mondialisation, il s'agit moins d'opposer le socialisme au libéralisme que de les confondre dans le même moule pour accoucher le social libéralisme.

Macky, avec son Yoonu Yokkute, fait encore rêver des millions de Sénégalais, mais comme le dit François Hollande, ceux qui échouent sont ceux qui ont cessé de rêver ; il s'agit de changer la réalité.

Déjà, le partage équitable des richesses produites parmi les couches sociales les plus vulnérables est un jalon aussi important que la lutte contre la corruption ou l'instauration de l'État de droit qui protège les faibles et punit les voleurs de la république.

Maître Wade qui s'enorgueillit d'avoir fabriqué des milliardaires et favorisé l'émergence d'une couche de fonctionnaires surpayés est surpris de voir où il a laissé le Sénégal et ce que le pays est devenu.

Ainsi, s'expliquent sa rancœur et sa rage donnant raison à Marie Von-Elne qui distingue deux catégories d'êtres intelligents : ceux dont l'esprit rayonne et ceux qui brillent ; les premiers éclairent leur entourage, les seconds le plongent dans les ténèbres.

Mamadou Ndiaye alias Ndiaye-Tergal, ancien maître de CM^2 de Macky SALL, instituteur à la retraite à Fatick.

7. La vieillesse est-elle un naufrage ?

« La vieillesse est un naufrage », avait dit le Général de Gaulle, à l'adresse du Maréchal Pétain, qui, à 90 ans passés, par les actes constitutionnels de juillet 1940, avait aboli la 3ème République française et choisi de collaborer avec le 3ème Reich allemand.

Et pourtant, dans notre culture africaine, la vieillesse, tout au contraire, est synonyme de sagesse, d'équilibre, de sérénité et de régulation sociale. Que vous est-il advenu, donc, Président ? Qu'est-ce qui est à l'origine de votre « triangle des Bermudes » ?

Certes, vous êtes un père et les mésaventures de Karim peuvent expliquer, et non pas justifier, quelques écarts de comportement ou de langage. Mais, tout de même ! Vous êtes président sortant de notre République. Celle qui nous comble de fierté, dans un continent en proie à toutes les dérives. Votre statut, dès lors, vous fait obligation de nous respecter, de nous faire respecter. C'est la contrepartie du respect et de la considération que nous vous devons, ad vitam aeternam.

Comment, alors, Président, pouvez-vous vous permettre de frayer avec les abysses ? Vous dites ne pas accepter, Karim et vous, que Macky Sall soit au-dessus de vous ! Mais êtes-vous conscient, en disant cela, Président ?

Parce que c'est un fait déjà accompli : vous êtes déjà en dessous ; vous avez volontairement choisi le caniveau, par les paroles que vous avez prononcées. Vous avez choisi le caniveau par votre posture, indigne d'un ancien chef d'État C'est vous qui nous administrez la preuve que vous êtes, vous aussi, esclave. *Esclave de votre passion, esclave de votre haine aveugle, Esclave de votre démesure.*

Président, vous nous avez fait très mal. Léopold Sédar Senghor avait continué de nous accompagner, jusqu'à son dernier souffle, dans l'honneur et le respect. Abdou Diouf, conscient de ce qu'il incarne, s'est toujours imposé un devoir de réserve. Et on aurait attendu de vous, l'universitaire doublé du patriarche, une flamboyance de pertinence et de sagesse. Quelle est, en définitive, la finalité des diplômes que vous collectionnez ?

L'ancêtre avait répondu à son petit-fils, fier de lui exhiber ses diplômes, que l'Université venait de lui délivrer :

« Mon petit, tes classes sont terminées ; maintenant, tes études commencent ». Président, le Sénégal ne renie rien du travail accompli, durant les deux mandats qu'il vous avait confiés. Mais faites-lui l'honneur, vous qui vous prévalez d'un doctorat et d'une agrégation, de commencer vos études.

Dans l'humilité, il n'est jamais trop tard. Sauf pour l'histoire. Parce qu'elle ne se réédite pas. L'histoire ne se réécrit pas.

Vous n'étiez pas partie prenante dans la longue marche, Président. Vous n'êtes pas issu des rangs des preux qui ont forgé l'histoire de l'Afrique. Vous n'étiez pas, Président, parmi les chevaliers des batailles épiques.

Vous n'avez pas côtoyé, durant les jours de braise de l'après-Deuxième Guerre mondiale, les Lamine Guèye, Léopold Sédar

Senghor, Mamadou DIA, Abdoulaye Ly, Cheikh Anta DIOP au Sénégal, Félix Houphouët-Boigny, en Côte d'Ivoire, Sékou Toûré en Guinée ; ou encore Gabriel Lisette au Tchad, Jean Rabemananjara à Madagascar, ou Mamadou Konaté au Soudan (actuel Mali).

Tous ces dignes fils de l'Afrique ne s'embarrassaient pas de considérations de castes, de privilèges de naissance, de préséances protocolaires artificielles, volontairement entretenus et encouragés – en ce qu'ils divertissent de l'essentiel – par un pouvoir colonialiste incapable de concevoir le progrès.

Ces acteurs éminents des luttes politiques pour l'émancipation des peuples assujettis avaient d'autres préoccupations, Président, que de disserter sur la nature anthropologique de leurs adversaires politiques.

Leur opiniâtreté, leur foi en la cause qu'ils défendaient, la permanence de leurs efforts, ont contribué, très largement, à la décolonisation, et, en définitive, à l'affranchissement du joug colonial. Ces glorieux combattants de la libération ont, dans des contextes difficiles, fait leur, la déclaration des droits de l'homme et des citoyens, reprenant, ce faisant, le flambeau des révolutionnaires de 1789.

Où, donc, étiez-vous, Président, à ces temps de combats pour la dignité partagée, l'égalité des hommes. Sans doute, ne vous êtes-vous référé au bilan noble de ces prestigieux libérateurs, lorsque, par dérapage sémantique, peut-être, vous parlez d'esclave Président, les Sénégalais n'en croient toujours pas leurs oreilles, quand vous parlez d'anthropophage.

Mais tout est lié, en définitive. Il n'est pas impossible, mais s'il s'agit de paradoxe, de voir quelqu'un crouler sous ses parchemins, tout en affichant son indigence de culture Président, vous vous n'êtes pas affiché comme archétype du genre, en taxant les parents de votre successeur de « dëmm ».

Vous avez délibérément fait fi de votre statut d'ancien Chef d'État. Mais, tout compte fait, peut-on vous en faire grief ?

Ceux qui vous connaissent bien peuvent attester, sans vous blesser, que vous manquez de conscience politique.

Après tout, ce n'est qu'en 1974, hier, quand le président Senghor a procédé à la fameuse ouverture politique, symbolisée par les non moins fameux « quatre courants », que vous vous êtes engouffré dans la brèche. Vous êtes, par conséquent, entré dans l'arène politique par effraction. Est-ce cela qui explique votre style singulier, déroutant ? Votre comportement de franc-tireur, toutefois, s'il vous a réussi jusqu'à présent, peut vous dérouter des règles non écrites, mais surtout de l'éthique. Et lorsqu'on se met en marge de l'éthique…

El Hadji Abdou Aziz Faye Secrétaire permanent du bureau politique du Parti pour le Progrès et la Citoyenneté (PPC) Rufisque.

8. En guise d'épilogue

Parallèlement à cette tribune d'intellectuels, d'autres voix se sont fait entendre aussi bien à Nguidjilone, Ndouloumâdji, Sinthiou-Garba, Sêno-Koliyâbé, que partout où les Sebbé ont pignon sur rue. À Ndouloumâdji-Founêbé, une marche anti-Wade a été organisée et on a tenu à y rappeler la place prépondérante que les Sall ont toujours occupée au Foûta.

Le vieux Djiby Sall, un des doyens du clan, pense que « *Wade s'est trompé. Nous sommes de grands propriétaires terriens. Nous avons des esclaves partout dans le Foûta* ». Cette thèse est partagée par Ibrahima Ly, le chef de village, qui estime que le président Wade n'a qu'un seul souci, celui de faire « *libérer son fils. C'est un vieillard et, dans nos coutumes, nous respectons les vieilles personnes.* »

Cependant, le discours le plus marquant est celui d'un sexagénaire qui, sans ambages, a déclaré publiquement être un des esclaves de la famille Sall : « *Je ne m'en cache pas ni aucun membre de ma famille d'ailleurs. Mon père a été l'esclave du père de Macky Sall.*

Le grand-père de Macky nous a donné des terres que nous cultivons pour vivre… Je donnerai ma vie pour mon maître. »

Tout cela pour présumer que la bonne foi de Me Wade a été trompée par un individu que, d'ailleurs, certains croient avoir démasqué. Un jour, en public, cet énergumène hideux, haineux et hautain, en tout cas, réputé pour ses fanfaronnades insipides, s'est permis de tourner en ridicule le teint, pense-t-il, trop foncé d'un de ses amis.

Parce qu'il en avait assez des frasques de son détracteur, ce dernier lui rétorqua durement ceci : « *C'est normal que je sois si noir : moi je suis le fac-similé de mon père alors que toi, tu n'as rien de ton prétendu géniteur mâle !* »

Qui crache vers le ciel est atteint lui-même. Pour rappeler que le mensonge est un os qu'on jette aux autres mais qui finit par étrangler son auteur.

H. Mme Marième Sall, Première dame et responsable morale de la Fondation Servir le Sénégal s'adresse à ses sœurs, le 8 mars 2015

En cette journée internationale de la femme, le 8 mars 2015, je présente mes vœux les plus sincères à toutes les femmes du Sénégal et leur souhaite un Sénégal de paix et de prospérité. Je saisis cette occasion pour partager avec vous quelques idées sur ma place auprès de mon époux, le Président Macky Sall. Étant consciente que je dois contribuer à ma manière au développement à l'instar de ce que vous faites au quotidien. La femme sénégalaise joue un rôle et occupe une place exceptionnelle pour l'émergence de ce que nous avons de plus cher : notre pays.

À ce sujet, je ne doute pas un seul instant de votre engagement. Je vous vois agir dans tous les secteurs : le commerce, l'agriculture, la transformation des produits halieutiques, etc. C'est pourquoi, en tant qu'épouse du président de la République, je ne saurais être indifférente à ce qui se passe autour de moi et suis fière de mes compatriotes.

L'élection du président Macky Sall en mars 2012 constitue aussi pour moi, son épouse, un changement majeur dans ma vie et celle de mes enfants. Ma première réaction fut de trouver l'équilibre entre ma vie d'épouse, de mère, et de renforcer la nécessité d'être attentive aux sollicitations de mes compatriotes pour que le flambeau de l'espoir, Yaakaar, soit porté très haut.

Il s'agit aussi de prendre conscience que la vie de président de la République est un moment dans la vie et qu'il faut essayer de marquer par des actions utiles.

Beaucoup de Sénégalais ont pensé que ma présence au palais de la République, par ma culture, mon éducation, constitue une rupture.

Évidemment, je fus consciente très tôt que mon devoir est de continuer dans la tradition des Premières dames qui m'ont précédée tout en apportant ma touche personnelle, mon identité propre. Je dirais d'emblée que je ne me suis jamais sentie dans la peau d'une Première Dame telle qu'on l'a appréhendée jusque-là, mais pour aider le Président dans sa tâche, je dois investir le créneau du social.

Avant son élection, mon mari a fait le tour du Sénégal et s'est rendu compte de l'état de pauvreté dans lequel se trouvaient beaucoup de nos compatriotes. Nous partageons la même sensibilité : importance d'être à l'écoute des autres, de son prochain, avoir l'esprit de partage et accorder une attention particulière au plus faible.

Comment y arriver sans s'appuyer sur un cadre, un instrument ? C'est ainsi que je mis sur pied, avec l'aide de quelques amis, la Fondation Servir le Sénégal.

De 2012 à aujourd'hui, l'action au sein de la Fondation est multiforme : allant de l'appui à l'éducation, à la santé, en passant par les interventions au cours d'événements qui rythment la vie de notre nation. La Fondation Servir le Sénégal est un réceptacle pour diverses sollicitations.

Il est évident qu'on ne peut répondre de façon satisfaisante à toutes les demandes qui sont nombreuses, mais Servir le Sénégal reste à l'écoute de tous.

Une Fondation de Première dame ne peut pas avoir la prétention de trouver des solutions, mais elle peut constituer un pont entre les plus nantis et les démunis.

Même si je refuse des procédés liés au fundraising, néanmoins, les contributions volontaires et les partenariats ont permis à la Fondation de faire plusieurs réalisations et d'aider dans la mesure du possible. Je pense qu'en Afrique, en général et au Sénégal, en particulier, les valeurs de solidarité, de partage, de justice sont essentielles pour juguler toutes les carences dans notre pays. S'y ajoute la Téraanga (l'hospitalité), le socle sur lequel repose la convivialité qui rend ce pays si beau.

Je suis très consciente qu'une fondation de Première Dame en Afrique a tendance à ne pas survivre à la fin des fonctions de l'époux, mais l'essentiel c'est d'accompagner justement le magistère du Président.

Tout compte fait, l'essentiel est d'aider son époux à réussir sa mission en essayant de satisfaire un grand nombre de ses compatriotes. À ce titre la Fondation de la Première dame peut être d'utilité publique.

Il faut simplement l'inscrire dans les voies définies par le Président, en puisant aussi dans ce que j'ai de plus profond en moi. Soulager la douleur et promouvoir la justice ont toujours constitué mon credo.

Je suis épouse et mère et dans l'histoire du Sénégal, depuis les Yacine Boubou, Mame Diarra et Mame Fawade Welé, la femme sénégalaise dispose de références pour conforter son rôle et ses actions au sein de sa famille et sa société.

Vous savez, diriger un État, surtout un pays comme le Sénégal où tout est priorité, n'est pas chose aisée et je dois veiller au confort moral, à la santé de mon mari, le soutenir et le protéger. Je dois m'oublier pour lui car il lui faut réussir sa mission, et ceci grâce à l'aide de Dieu.

D'ailleurs, à ce niveau, je ne fais que continuer ce que j'ai toujours vécu. Même quand mon mari n'était pas encore Président, j'avais pensé qu'une des forces de la société sénégalaise reposait sur l'entraide qui doit demeurer, transcender les régimes et les pouvoirs. Le rôle de la Première dame peut être mieux structuré pour sa pérennisation au-delà de l'exercice du pouvoir par le mari. Par exemple, on peut être davantage attentif aux efforts fournis par les Premières dames.

Dans les grandes nations, l'épouse du chef d'État voit ses activités financées par les fonds publics ; elle dispose, par ailleurs, d'un secrétariat mis à sa disposition pour répondre, ne serait-ce qu'au courrier immense qu'elle reçoit.

Et croyez-moi, une Première dame a un rôle utile. Vous savez, un président de la République ne peut pas être accessible à tous ; son épouse, sur ce plan, peut le seconder, être attentive, soulager, mener des actions sociales ; être, quand cela est nécessaire, son prolongement.

BIBLIOGRAPHIE

Ouvrages

BARY B, *La Sénégambie du XVème au XIXème siècle*, Paris, L'Harmattan, 1988.

BATHILY A, *Les portes de l'or, Le royaume de Galam (Sénégal)… VIII-XVIIIème siècle,* Paris, L'Harmattan, 1989.

DIA El-Hâdj Hadrâmé dit Mahmoud, *Histoire traditionnelle du Foûta, tome IV VF*, Abidjan, Imprimerie ECF, 1998.

DIA Sileye Mamadou, *Samba Guélâdjo Diêgui*, texte dactylographié non daté.

KANE O, *La première hégémonie peule : Le Fuuta Tooro de Koli Tenguella à Almaami Abdul,* Paris, Karthala, 2005.

SALL M.Y., *Ceerno Sileymaani Baal, fondateur de l'Almaamiyat (1776-1890)* Presses Universitaires de Dakar, 2014.

Sow Ciré Abas : *Chroniques du Fouta sénégalais*, Paris, Leroux, 1913.

SY Amadou A, *La geste thiédo,* thèse de doctorat, UCAD, 1979-1980.

WANE B, « Le Fuuta Tooro : de Ceerno Suleymaan Baal à la fin de l'Almamyiat (1770-1880) » *in Revue sénégalaise d'Histoire*, volume 2, numéro 1, 1981, pp. 38-50.

WANE Y, *Les Toucouleurs du Fouta Tooro, (Sénégal)…* Université de Dakar, IFAN-Dakar, 1969.

Revues et journaux

Amy Sarr Fall, « SEM macky Sall, président de la République » in *Intelligence*, avril 2015, p. 26-32.

P.S.N, « Wade et ses numéros deux » in *Week-end magazine*, 14 au novembre 2008, p. 18-23.

Quotidien *L'Enquête* du vendredi 5 décembre 2014.

Quotidien *L'Observateur* N. 3398. Mercredi 21 janvier 2015, p. 6.

Quotidien *L'Observateur* N. 3402 du lundi 26 janvier 2015, pp. 6 et 7.

ILLUSTRATIONS ET PHOTOS

Photo 1. Macky Gassama (1923-2003)
Maire de Fatick de 1973 à 1983 et de 1989 à 1996.
Il fut député du Sine

Photo 2. Macky Sall, alors étudiant à l'UCAD

Photo 3. La célèbre bande à Sandrine. De gauche à doitre (Me Boubacar Koita, Me Papa Leity Ndiaye, Président Macky Sall et Me Souleymane Ndéné Ndiaye)

Photo 4. Macky et ses amis dont Feu Ousmane Maseck Ndiaye

Photo 5. Monsieur et Mme Sall dans les allées du Palais de la République

Photo 6. Marième Sall allumant son « *andd thioûrâye* » (encensoir)

Photo 7. Lancement de l'APR

Photo 8. Abdoulaye Sally SALL

Photo 9. Macky Sall sortant d'une case en paillote dans le Djollof, lors de la campagne électorale 2012

Photo 10. Y'en a Marre

Photo 11. L'Assemblée nationale assiégée le 23 juin 2011

Photo 12. Le président sortant et son successeur :
c'est tout simplement le Sénégal en marche

TABLE DES MATIÈRES

DÉDICACES 9
PRÉFACE 11
AVANT-PROPOS 17
I. Le Foûta-Tôro et le Sine : berceaux d'un homme exceptionnel 23
   A. Les origines de la famille Sall 23
   B. Les Sebbé du Foûta-Tôro : une incomparable force de frappe 29
   C. Le Sine, terre d'adoption d'un couple exemplaire..............................40
II. Naissance et jeunesse de Macky Sall 45
   A. Fatick et Foundiougne : royaumes d'enfance des frères Sall.............45
   B. Le lycée Gaston Berger de Kaolack : une étape déterminante
      dans le cursus de Macky Sall..49
   C. L'Université de Dakar : la consécration d'une ambition légitime 52
III. Quand sentiment et travail font bon ménage 55
   A. Bonne épouse : charrue d'or...55
   B. À l'œuvre, on connaît l'ouvrier 57
IV. Le parcours politique de Macky Sall 59
   A. Ses premiers pas sur le terrain politique 59
   B. Le temps de l'accomplissement 61
   C. La longue marche vers le Palais de la République 73
V. Mars 2012-mars 2015 : le Sénégal cherche son chemin
   dans un environnement peu propice à l'essor 95
   A. Le Plan Sénégal Émergent (PSE) : une vision holistique
      pour l'émergence et le développement 96
      1. Qu'est-ce que le PSE ?...96
      2. Le PSE : essai de résumé 97
      3. Une stratégie de développement dans toutes les directions
         et par tous les moyens..102
   B. Vers l'Émergence et le Développement...103
   C. Les premières réalisations du président Macky Sall.......................109
   D. La Vision culturelle du président de la République
      pour un Sénégal Émergent..117
      1. Introduction 117
      2. Mémento des chantiers déjà réalisés ou en cours : 2012-2016 119

  E. PSE : Essai de conclusion générale 121
   1. Éléments de doctrine 122
   2. Du libéralisme 128
CONCLUSION 131
ANNEXES 135
  A. Discours de Rupture prononcé par le président Macky Sall
   le 1er décembre 2008 135
  B. Discours de son Excellence, monsieur le président de la République
   à l'occasion du Colloque-hommage à Aimé Césaire du 20 mars 2013 :
   « Aimé Césaire : Cahier d'un retour au pays ancestral » 143
  C. Discours du président de la République, recevant les intellectuels
   et artistes du Sénégal..150
  D. Discours de son excellence Monsieur Macky Sall, devant le
Parlement européen, Strasbourg, 9 octobre 2013 154
  E. Plan Sénégal Émergent (PSE) : Discours du président Macky Sall
   à l'occasion de la rencontre avec les bailleurs de fonds à Paris,
   le 24 février 2014 160
  F. Cérémonie de lancement du Projet Pôle de Développement
   de la Casamance (PPDC)...168
  G. Débat sur les propos outrageux de Me Abdoulaye WADE
   à l'encontre du Président Macky Sall et de sa famille 181
   1. Le Président doit rester infrangible...181
   2. Macky Sall : cette valeur sûre qui nous a fait croire à la richesse
    humaine 188
   3. Pourquoi le Président Sall ne répondra jamais après les infamies
    de Wade 191
   4. Abdoulaye Wade piétine le Sénégal et profane la République.....192
   5. Grave ! Grave ! Grave ! Les délires d'un mutant ou Wade
    au crépuscule de la dégénérescence 196
   6. Abdoulaye Wade, le falsificateur de l'histoire 198
   7. La vieillesse est-elle un naufrage ? 202
   8. En guise d'épilogue 205
  H. Mme Marième Sall, Première dame et responsable morale
   de la Fondation « Servir le Sénégal » s'adresse à ses sœurs,
   le 8 mars 2015 207
BIBLIOGRAPHIE 211
Illustrations et photos..213

L'HARMATTAN ITALIA
Via Degli Artisti 15; 10124 Torino
harmattan.italia@gmail.com

L'HARMATTAN HONGRIE
Könyvesbolt ; Kossuth L. u. 14-16
1053 Budapest

L'HARMATTAN KINSHASA
185, avenue Nyangwe
Commune de Lingwala
Kinshasa, R.D. Congo
(00243) 998697603 ou (00243) 999229662

L'HARMATTAN CONGO
67, av. E. P. Lumumba
Bât. – Congo Pharmacie (Bib. Nat.)
BP2874 Brazzaville
harmattan.congo@yahoo.fr

L'HARMATTAN GUINÉE
Almamya Rue KA 028, en face
du restaurant Le Cèdre
OKB agency BP 3470 Conakry
(00224) 657 20 85 08 / 664 28 91 96
harmattanguinee@yahoo.fr

L'HARMATTAN MALI
Rue 73, Porte 536, Niamakoro,
Cité Unicef, Bamako
Tél. 00 (223) 20205724 / +(223) 76378082
poudiougopaul@yahoo.fr
pp.harmattan@gmail.com

L'HARMATTAN CAMEROUN
BP 11486
Face à la SNI, immeuble Don Bosco
Yaoundé
(00237) 99 76 61 66
harmattancam@yahoo.fr

L'HARMATTAN CÔTE D'IVOIRE
Résidence Karl / cité des arts
Abidjan-Cocody 03 BP 1588 Abidjan 03
(00225) 05 77 87 31
etien_nda@yahoo.fr

L'HARMATTAN BURKINA
Penou Achille Some
Ouagadougou
(+226) 70 26 88 27

L'HARMATTAN SÉNÉGAL
10 VDN en face Mermoz, après le pont de Fann
BP 45034 Dakar Fann
33 825 98 58 / 33 860 9858
senharmattan@gmail.com / senlibraire@gmail.com
www.harmattansenegal.com

L'HARMATTAN BÉNIN
ISOR-BENIN
01 BP 359 COTONOU-RP
Quartier Gbèdjromèdé,
Rue Agbélenco, Lot 1247 I
Tél : 00 229 21 32 53 79
christian_dablaka123@yahoo.fr

Achevé d'imprimer par Corlet Numérique - 14110 Condé-sur-Noireau
N° d'Imprimeur : 133535 - Dépôt légal : novembre 2016 - *Imprimé en France*